Daniel Kehlmann

Wo ist Carlos Montúfar?
Über Bücher

Rowohlt Taschenbuch Verlag

Frühere Druckfassungen der Essays wurden
vom Autor für diesen Band geringfügig überarbeitet.

3. Auflage Oktober 2010

ORIGINALAUSGABE
Veröffentlicht im Rowohlt Taschenbuch Verlag,
Reinbek bei Hamburg, Oktober 2005
Copyright © 2005 by Rowohlt Verlag GmbH,
Reinbek bei Hamburg
Lektorat Ulrike Schieder
Satz Swift PostScript (QuarkXPress)
bei KCS GmbH, Buchholz/Hamburg
Druck und Bindung
Druckerei C. H. Beck, Nördlingen
Printed in Germany
ISBN 978 3 499 24139 0

Inhalt

Als ich zum erstenmal die Göttinger Sternwarte betrat, war ich mit meinem Roman *Die Vermessung der Welt* fast fertig. Eine meiner Hauptfiguren hatte hier gelebt und gearbeitet, und ich war überrascht, wie beklommen es mich machte, ihr auf einmal so nahe zu sein. In meinem Buch war der Mann, der diese Räume bewohnt hatte, zwar ein Genie, aber auch ein passionierter Bordellbesucher, ein desinteressierter Familienvater und ein Monstrum an schlechter Laune. Wäre er noch am Leben gewesen, so hätte keine ausgefeilte ästhetische Theorie mich schützen können – nicht vor einer Verleumdungsklage, nicht vor seinem Zorn.

Die Sternwarte ist ein imposanter klassizistischer Wissenschaftstempel des frühen neunzehnten Jahrhunderts. Ihre Kuppel allerdings ist reine Verzierung und läßt sich nicht aufklappen, die Teleskope richtete man durch schießschartenartige Öffnungen neben dem Eingangstor auf den Himmel. Drinnen führt eine Treppe in des ehemaligen Direktors Wohnräume. Das berühmte Ölbild von Carl Friedrich Gauß mit seiner schwarzen Samtkappe hängt hier im Original und ist, aber das erscheint einem bei bekannten Gemälden oft so, erstaunlich klein. Daneben steht die legendäre Telegraphenanlage, die er erfunden hatte, um sich mit

9

seinem in der Stadtmitte arbeitenden Kollegen zu unterhalten.

Ein Erzähler operiert mit Wirklichkeiten. Aus dem Wunsch heraus, die vorhandene nach seiner Vorstellung zu korrigieren, erfindet er eine zweite, private, die in einigen offensichtlichen Punkten und vielen gut versteckten von jener ersten abweicht. Der lange Traum, schrieb Schopenhauer, sei unterbrochen von kurzen, und das sei am Ende alles; für einen Erzähler ist die lange Geschichte unterbrochen von kurzen, und was ihn nervös macht, ist nicht deren substantielle Gleichartigkeit, sondern deren Vermischung, also jede Verletzung der Grenzen. Zum Beispiel die unerwartete Konfrontation mit einer sehr realen Maschine, entwickelt von jemandem, den er in manchen Augenblicken bereits für seine eigene Erfindung hielt.

In einer Szene gegen Ende meines Romans taucht diese Telegraphenanlage auf. Professor Gauß, alt geworden und gebrechlich, steht am Fenster und schickt Signale hinaus, halb mit seinem Mitarbeiter Weber sprechend, halb mit sich selbst, zugleich auch mit der im Lauf seines Lebens bestürzend angewachsenen Welt der Verstorbenen. Mit diesem Apparat jedoch, das zeigte mir in der Sternwarte ein einziger Blick, waren Gespräche unmöglich. Das Ausschlagen der Empfangsnadel war so schwach, daß man durch ein Fernrohr auf eine Skala starren mußte. Das wieder bedeutete, daß der Sendende zuvor einen Boten zum Empfänger zu schicken hatte, um anzukündigen, wann er mit der Übermittlung beginnen werde – fürwahr eine Monty-Python-Konstellation. Noch in Gauß' Zimmer, zwischen Empfangsgerät, Fenster und Ölbild, beschloß ich, bei meiner Version zu bleiben.

Vielleicht mißtrauen deshalb so viele Menschen, denen es bei Büchern auf Tatsachen ankommt, dem historischen Erzählen. Man liest und kann dabei nie den Verdacht loswerden, daß das Gelesene nicht *stimmt*. So in etwa hatte ich es schon im Studium gelernt, im Einführungsproseminar bei Dr. S. Historische Romane, hatte er im Brustton der Überzeugung gesagt, sollten wir Germanisten besser meiden, sie seien unzuverlässig und trivial.

Alle?

Alle, antwortete Dr. S. Man lebe im Heute, und wer sich anderen Zeiten zuwende, verfalle dem Eskapismus.

Dr. S. hatte hervorquellende Augen, schlechte Haut und ein Alkoholproblem. Bei den Prüfungen verließ er zwar den Raum, damit wir voneinander abschreiben konnten; allerdings nicht aus Nettigkeit, wie wir später herausfanden, sondern weil er hoffte, bessere Ergebnisse seiner Studenten würden ihm eine Beförderung eintragen. Dr. S. war ein trauriger Mensch, er las ungern, und so besonders im Heute schien er nicht zu leben. Aber seine Überzeugungen waren unerschütterlich.

Und Tolstoi, fragte eine russische Studentin.

Ja wie, fragte Dr. S. Wieso Tolstoi?

Wegen *Krieg und Frieden.*

Aber das sei doch kein historischer Roman. Als Tolstoi den geschrieben habe ... Dr. S. zögerte, auf diesem Gebiet fühlte er sich nicht daheim. Er war Experte für

Wiener Nachkriegsliteratur: ernste neodadaistische Poesie, geschrieben von den Söhnen von Wehrmachtssoldaten. Als Tolstoi den geschrieben habe, sei ja noch neunzehntes Jahrhundert gewesen!

Tolstoi habe, sagte die Studentin schüchtern, *Krieg und Frieden* mehr als fünfzig Jahre nach den Napoleonischen Kriegen verfaßt.

Eben, sagte Dr. S., das sei lange her. Damals hätten die Dinge anders gelegen.

An dieses Verdikt erinnerte ich mich noch genau, als ich Jahre später selbst versuchte, einen in nicht mehr ganz naher Vergangenheit spielenden Roman zu schreiben. Vielleicht hätte ich es nie gewagt ohne das Vorbild einiger Werke, die Dr. S.' eherner Regel widersprachen: Thomas Manns *Lotte in Weimar* natürlich, John Fowles' *Die Geliebte des französischen Leutnants,* E. L. Doctorows *Ragtime,* John Barths *Der Tabakhändler* und Thomas Pynchons Epos über Aufklärung, Wissenschaft und Wahn, *Mason & Dixon.* Ein ganzer Seitenstrom der Moderne unternimmt es, Dogmen wie das von Dr. S. ad absurdum zu führen, also nicht bloß Geschichten, sondern Geschichte zu erzählen und das scheinbar Unseriöse dieses von der Trivialliteratur okkupierten Genres für Spiele mit Fakten und Fiktionen zu nützen. Immer schon hat die Gattung des Romans, wirksamer vielleicht als irgendeine andere, bestehende Meinungen untergraben – und eine der wirksamsten Arten, das zu tun, besteht darin, sich die Vergangenheit neu zu erzählen und von der offiziellen Version ins Reich erfundener Wahrheit abzuweichen.

Ein Beispiel für solch ein Erfinden von Wahrheit und

zugleich eine der gelungensten Annäherungen an eine vergangene Epoche ist Stanley Kubricks Film *Barry Lyndon*, die minutiöse Rekonstruktion einer versunkenen Welt, nicht durch den Blick auf das, was von ihr geblieben ist, sondern auf das Vergänglichste an ihr, nicht durch das Herausstreichen dessen, was wir noch mit ihr gemeinsam haben, sondern durch strikte Betonung des Trennenden. Die Entscheidung für die größtmögliche Akkuratesse ist auch eine für die stärkste Künstlichkeit; denn natürlich (eine Erfahrung, die jeder Recherchierende macht) kommen auf jedes bekannte Detail mehrere Dutzend, über die man nicht genug wissen kann – und die man also erfinden muß, um sie zu kennen. Einem Filmemacher stellt sich dieses Problem noch drastischer als einem Romancier: Der Schriftsteller kann sich um vieles herummogeln, doch der filmische Blick auf jede Einzelheit ist total und vollständig, ohne eine Grauzone der Vagheit. Der in dieser Form vielleicht nie wieder erreichte Anschein von Authentizität rührt bei Kubrick daher, daß sein Film eben nicht das reale Leben des achtzehnten Jahrhunderts abzubilden versucht, sondern dessen Widerspiegelung in der Kunst. Wo er Alltagsbegebenheiten schildert, wirken sie wie zum Leben erwachte Kupferstich-Genreszenen, seine Landschaften sind Watteau-Gemälden nachempfunden, die Innenaufnahmen, gefilmt mit NASA-Spezialobjektiven bei Kerzenlicht, zeigen das Schattenspiel und die übersteigerten Hell-Dunkel-Kontraste der Interieurs von Wright of Derby, die Orgienszenen scheinen in ihrer schematischen Abstraktheit geradewegs auf Hogarths Bilderzyklus *The*

Rake's Progress zurückzugehen. Hier ist nichts spontan und schon gar nichts realistisch; sogar die Buchvorlage Thackerays ist ja bereits ein historischer Roman über eine Zeit, die sein Verfasser nicht selbst erlebt hatte. Jede Szene spricht aus, daß Kunst im wesentlichen Abstraktion und Stilisierung ist; und nie war sie das mehr als im achtzehnten Jahrhundert, und auf keine Weise nähert man sich diesem besser als durch den konsequenten Verzicht auf Unmittelbarkeit. Ein Ansatz, der seine Parallele in Thomas Pynchons eigens für *Mason & Dixon* erfundenem Englisch hat: ein Kunstidiom, das so weder 1750 noch sonst irgendwann gesprochen wurde, angereichert durch Anachronismen, burleske Neuprägungen und den über alle Stränge schlagenden Gestaltungswillen eines Sprachformers, der den Leser gerade durch die Unverschämtheit seiner Fälschungen näher an eine untergegangene Form des Sprechens, ja an das Phänomen der Historizität aller Sprache bringt, als philologische Akribie es je könnte.

Als ich begann, meinen Roman über Gauß, Humboldt und die quantifizierende Erfassung der Welt zu schreiben, über Aufklärer und Seeungeheuer, über Größe und Komik deutscher Kultur, wurde mir schnell klar, daß ich erfinden mußte. Erzählen, das bedeutet, einen Bogen spannen, wo zunächst keiner ist, den Entwicklungen Struktur und Folgerichtigkeit gerade dort verleihen, wo die Wirklichkeit nichts davon bietet – nicht um der Welt den Anschein von Ordnung, sondern um ihrer Abbildung jene Klarheit zu geben, die die Darstellung von Unordnung erst möglich werden läßt. Gerade wenn man darüber schreiben will, daß der Kosmos chaotisch ist und sich der Vermessung verweigert, muß man die Form wichtig nehmen. Man muß arrangieren, muß Licht und Schatten setzen. Besonders die Darstellung meiner zweiten Hauptfigur, des wunderlichen Barons Alexander von Humboldt, jener Kreuzung aus Don Quixote und Hindenburg, verlangte nach Übersteigerung, Verknappung und Zuspitzung. Hatte er in Wirklichkeit eine eher undramatische Rundreise von über sechs Jahren Dauer gemacht, so mußte ich, um davon erzählen zu können, nicht nur sehr viel weglassen, sondern Verbindungen schaffen und aus isolierten Begebenheiten zusammenhängende Geschichten bauen.

So verwandelte ich den Assistenten des Barons, den treuen und vermutlich eher unscheinbaren Botaniker Aimé Bonpland, in seinen aufmüpfigen Widerpart. In Wirklichkeit war Humboldt meist inmitten einer sich ständig verändernden Gruppe gereist: Adelige und Wissenschaftler gesellten sich dazu, solange sie Lust und Interesse hatten, von den Missionsstationen kam der eine oder andere Mönch eine Strecke mit. Nur sehr kleine Teile der ungeheuren Distanz legte Humboldt tatsächlich alleine mit Bonpland zurück. Mein Humboldt aber und mein Bonpland, das wußte ich von Anfang an, würden sehr viel Zeit zu zweit verbringen. Mein Bonpland würde lernen, was es hieß, sich in Gesellschaft eines uniformierten, unverwüstlichen, ständig begeisterten und an jeder Kopflaus, jedem Stein und jedem Erdloch interessierten Preußen durch den Dschungel zu kämpfen. Also mußte ich auf Carlos Montúfar verzichten.

Der Sohn des Gouverneurs von Quito hatte sich den beiden Anfang 1802 angeschlossen, ein Teenager, der die Gelegenheit zu einer Grand Tour ergriff, wie sie sich ihm nicht noch einmal bieten würde. Er war bei der Besteigung der Vulkane Pichincha und Chimborazo dabei, er kam mit zu Präsident Jefferson in die Vereinigten Staaten, er begleitete Humboldt nach Europa und wohnte sieben Jahre bei ihm in Paris. Dann ging er zurück ins neugegründete Ecuador, um sich am Freiheitskampf zu beteiligen, wurde nach wenigen Monaten von den Spaniern gefaßt und standrechtlich erschossen. Gerüchte besagten, daß Humboldt wegen Carlos den vierten Teil seines Reiseberichtes verbrannt habe. Aber was der Baron auch zu verbergen hatte und was immer in Wahrheit zwischen den beiden vorgefallen war – in meiner Version hatte ein dritter Begleiter nichts verloren. Wie Don Quixote und Sancho, Holmes und Watson, Waldorf und Statler sollten meine Reisenden ein verschworenes, streitendes Paar sein. Viele Dutzend Menschen mochten mit Humboldt den Kontinent durchstreift haben, aber meine Dramaturgie verlangte, daß er und Bonpland, umgeben bloß von den Randfiguren wechselnder Führer, miteinander allein blieben.

«Ich entschloß mich, die historischen Ereignisse als Rohmaterial zu nehmen für einen Roman, in dem ich völlig frei Situationen verändern, umformen und erfinden konnte, wobei ich den historischen Hintergrund nur als Ausgangspunkt benutzen würde, um zu schaffen, was dem Wesen nach eine Fiktion, eine literarische Erfindung sein würde.» So Mario Vargas Llosa

16

über seinen Roman *Der Krieg am Ende der Welt*, in dem er, gestützt auf den Bericht des brasilianischen Schriftstellers Euclides da Cunha, die Geschichte des Bürgerkriegs in der Provinz Sertão gegen Ende des neunzehnten Jahrhunderts neu erzählt. «Ich beschloß, den vier historischen Episoden, den vier Militärexpeditionen zu folgen und einige der historischen Persönlichkeiten als literarische Gestalten zu verwenden, aber ihre Biographien nicht zu beachten und nur das frei zu übernehmen, was ich für meine Zwecke als brauchbar ansah.» Vargas Llosa benützt nicht nur da Cunhas epochales Werk über den Krieg als Quelle, er läßt da Cunha auch auftreten, und zwar als tragikomische Figur: kurzsichtig, ständig niesend, furchtsam, unheldenhaft und halbblind. Er wird von den Insurgenten gefangen und erlebt ihre letzten Wochen im Hauptquartier Canudos mit. Nur: seine Brille ist zerbrochen. Er ist Augenzeuge, und doch sieht er nichts; er erlebt die Ereignisse aus nächster Nähe, aber so verschwommen, daß er sich keinen Reim auf sie machen kann. Dem Inferno entkommen, widmet er sein Dasein der Aufgabe, zu rekonstruieren, was er erlebt hat, und wird durch seine Nachforschungen allmählich zum einzigen Menschen des Landes, der versteht, was damals im Sertão vor sich gegangen ist.

Im streng historischen Sinn stimmt nichts davon. Euclides da Cunha war kein Kriegsgefangener, er war nicht kurzsichtig, und ob er häufig nieste, ist nicht bekannt. Er war auch nicht gerade ängstlich, sondern focht mehrere Duelle aus, deren letztes er nicht überlebte. Vargas Llosa aber geht es um das Motiv des

Nichtbegreifens in all seinen Variationen; wie dem kurzsichtigen Journalisten das Dabeigewesensein nichts nützt, so würde es auch dem Roman nichts nützen, an den Fakten von da Cunhas Biographie zu kleben. *Der Krieg am Ende der Welt* ist eine Studie über den Umstand, daß die bestimmenden Teile der Gesellschaft einander nicht kennen: Die Regierung glaubt, hinter dem Aufstand stünden adelige Grundbesitzer, weil sie das Phänomen der fanatischen Frömmigkeit der Landlosen nicht begreift, welche mit der Ausrufung der Republik das Reich Satans kommen sehen. Intellektuelle halten diese Bewegung für eine linke Revolution und verstehen nicht, warum gerade die Kirche die vermeintlichen Revolutionäre gegen das Militär unterstützt, für dessen Offiziere der Feldzug wiederum ein willkommener Anlaß ist, gegen den Adel vorzugehen, von dem sie irrtümlich denken, er hätte noch Einfluß und Macht. Die Kurzsichtigkeit des Journalisten im Zentrum all dessen wird zur Chiffre dafür, daß die Wahrheit, wenn überhaupt, erst im nachhinein und aus der Entfernung sichtbar wird und daß das Erzählen, im Unterschied zur Geschichtsschreibung, anderes verlangt als Treue zu den Tatsachen.

Dieser Unterschied zwischen dem bloß faktisch Richtigen und dem Wahren, den jeder historische Roman berührt, steht auch im Zentrum von J. M. Coetzees Neuerzählung der Geschichte von Robinson und Freitag, *Mr. Cruso, Mrs. Barton und Mr. Foe.* In Coetzees Fassung ist noch eine dritte Person mit auf der Insel: Susan Barton, die an der Küste angeschwemmt und später mit den beiden Männern gerettet wird. Cruso, wie der Einsiedler hier heißt, stirbt auf dem Schiff; zurück in England, sucht Susan den Schriftsteller Foe auf (der mit Daniel Defoe Biographie und Werke teilt), um ihm ihre Erlebnisse zu erzählen, damit er diese aufschreibt und zu einer Geschichte macht. Sie weiß, sie selbst kann das nicht: «Geben Sie mir die Substanz wieder, die ich verloren habe, Mr. Foe: das ist meine inständige Bitte. Denn obwohl meine Geschichte die Wahrheit wiedergibt, gibt sie nicht die Substanz der Wahrheit (ich sehe das klar, wir brauchen uns da nichts vorzumachen). Um die Wahrheit in ihrer ganzen Substanz zu erzählen, muß man Ruhe haben und einen bequemen Stuhl fern von jeder Ablenkung, und ein Fenster, durch das man schauen kann; und dann die Fertigkeit, Wellen zu sehen, wenn man Felder vor Augen hat, und die tropische Sonne zu spüren, wenn es kalt ist; und an den Fingerspitzen die Worte, um mit ihnen die Vision festzuhalten, bevor sie entschwindet. Von alledem habe ich nichts, Sie aber haben alles.» Die Pointe des hintergründigen Romans bleibt unaufgelöst und erschließt sich nur dem Leser, der begreift, daß die Geschichte vom Einsiedler Robinson zwar Weltruhm erlangen wird, Susan Barton aber in ihr nicht mehr vorkommt. Die Umformung des Stoffs zur Geschichte, die Foe auftragsgemäß unternimmt, besteht eben darin, daß er Susan aus ihr eliminiert – wie ich es mit dem armen Carlos Montúfar tun mußte.

Humboldts Bericht von seinem, Bonplands und Montúfars Versuch, am 23. Juni 1802 den Chimborazo zu besteigen, ist eine nüchterne Aufzählung der Fakten, die scheinbar keine Fragen offenläßt, verfaßt im typischen Souveränitätston der Expeditionsbeschreibungen des achtzehnten Jahrhunderts, dem Ton des selbstgewissen Europäers auf Forschungs- oder Eroberungsreise: neugierig, doch von den Strapazen unberührt, diszipliniert, kühl, *aloof*. In diesem Ton berichtete Samuel Johnson von der schottischen Hebridenwildnis, in diesem Ton tauschten Livingstone und Stanley ihren sprichwörtlich gewordenen Gruß in der Wildnis aus, und erst V. S. Naipaul brachte ihn aus den ehemaligen Kolonien zurück ins Mutterland, als er sich seiner bediente, um die britische Provinz zu schildern.

Wer aber die Texte zeitgenössischer Alpinisten liest, erfährt sehr genau, was mit einem Hochgebirgskletterer vorgeht. Einiges davon deutete Humboldt an, vieles verschwieg er. Selbst Leute mit bester Kondition erbrechen ständig, ihnen ist sterbenselend, sie haben Halluzinationen. Versuchen sie, sich in großer Höhe zu unterhalten, lallen sie wie Betrunkene, klar denken können sie nicht, ihre Schleimhäute und sogar Augen bluten. Bei Humboldt, Bonpland und Montúfar kann es nicht anders gewesen sein. Im souverän-kühlen Ton von Humboldts Bericht steckt also nicht unbedingt weniger Fiktion als in jener Episode der Verwirrung und taumelnden Ziellosigkeit, die ich daraus gemacht habe. Künstlerische Satire ist immer, auf die eine oder andere Art, die Konfrontation eines Tons mit jener Wirklichkeit, die zu verschleiern er erfunden wurde – ein Zusammenprall, an dem der Ton scheitert und die sorgsam einstudierte Haltung bricht. In meinem Roman werden Humboldts und Bonplands Gespräche (wie alle Dialoge darin gefiltert durch die Scheindistanz indirekter Rede) während des Aufstiegs immer wirrer und trunkener und nähern sich erst während des Abstiegs allmählich wieder dem Vernünftigen an. So viel Mühe und Haltung, solche Leugnung der niederen Wirklichkeit, so viel Überwindung eigener Schwäche sind zur Weimarer Klassizität nötig, das ist das Große und, wenn es scheitert, das Komische an ihr. Meine Version des Chimborazo-Berichts sollte ebendies durch ein Hinzutun von bergsteigerischem Realismus sichtbar machen: Weimars Gesandter in Macondo durchläuft gemeinsam mit seinem Assistenten auf dem Rücken des Vulkans Wahnsinn, Übelkeit, Schwindel, Angst und Verwirrung – all das also, dessen Leugnung den Klassiker überhaupt erst definiert.

Mit einer anderen Art von Leugnung bekam ich es dann im Sommer 2004, kurz vor meinem Besuch der Sternwarte, zu tun. Es waren die Wochen der Hartz-Proteste, die Monate des *Untergang*-Films, die Jahre der deutschlandweit verspäteten Schnellzüge, als ein großer Schriftsteller, der Humboldts seit hundertfünfzig Jahren in mehreren Ausgaben lieferbares Hauptwerk gerade in einer schönen Edition neu herausgegeben hatte, den Medien gegenüber verlauten ließ, daß der Baron doch weitgehend vergessen sei. Prompt tauchte Humboldt, nach dem mehr Orte auf dem Globus benannt sind als nach irgendeinem Menschen sonst und über den allein im Vorjahr zwei neue Monographien erschienen waren (darunter Gerard Helferichs vorzügliches und leider nirgendwo erwähntes Werk *Humboldt's Cosmos*), auf dem Cover des SPIEGEL auf, bekam Doppelseiten in Hochglanzmagazinen, wurde Thema von Dutzenden Fernsehsendungen. Ein Forscher, dessen genuine Tragik darin liegt, daß es ihm einerseits nicht gelingen wollte, seine Reiseerlebnisse zu einer lesbaren Erzählung zu formen («Du weißt einfach nicht, wie man ein Buch schreibt!» rief sein Freund Arago), und daß andererseits seine zentralen Beiträge zur Wissenschaft noch zu seinen Lebzeiten überholt waren, galt plötzlich wieder, wie schon Ende des neunzehnten Jahrhunderts, als Vorbild für Schulkinder, denen sein tausendseitiges Spätwerk zur Lektüre empfohlen wurde. Der Weltraum, lasen sie dort, sei mit Äther gefüllt, krank werde man durch üble Miasmen, die zweitgrößte Erniedrigung des Menschen sei die Sklaverei, die größte aber die Behauptung, er stamme vom Affen ab. Das Interesse der Medien richtete sich gerade nicht auf Humboldts Geschicklichkeit in der Gründung wissenschaftlicher Institutionen oder auf seine politische Weitsicht – es gibt in seinem Lateinamerikawerk nicht eine Voraussage, die sich nicht erfüllt hätte –, ja richtete sich nicht einmal auf die in den *Ansichten der Natur* immer wieder aufblitzende Eleganz seiner beschreibenden Prosa. Statt dessen konzentrierte es sich auf des gealterten Barons letzten Versuch, die sich ihm entziehende Welt noch einmal durch die Sammlung all ihrer Fakten zu unterwerfen: den *Kosmos*.

Es war eine Konfrontation von Erfindung und Wirklichkeit, wie man sie nicht oft erlebt. Eine Figur, die ich mir im Lauf der Arbeit so intensiv angeeignet hatte, daß mir war, als hätte ich sie erfunden, wurde auf das lauteste von der Außenwelt zurückreklamiert. Eine verwirrende, doch heilsame Störung des kreativen Prozesses; es tut gut, daran erinnert zu werden, daß eine historische Gestalt niemandem gehört und eine Geschichte jeweils dem, der sie gerade erzählen möchte. Die Humboldt-Brüder, sowohl Alexander als auch der ungleich erschreckendere Wilhelm, waren gewiß die Zähesten, die am hartnäckigsten zur Klassizität Entschlossenen unter den Weimarern. Ob sich der eine nun auf den Chimborazo quälte oder der andere mit der Striktheit eines Brigadegenerals die deutsche Universität neu erfand, immer blieben sie Klassiker aus schierer Willensanstrengung. Ebendiese ihr ganzes Leben charakterisierende Anspannung, die sie bei aller Humanität ihrer Ansichten den Maschinenmenschen E.T.A. Hoffmanns ähnlich macht, war für die deutsche Öffentlichkeit so oft das Vorbildliche an ihnen; lange begründete sie die Verehrung Wilhelms, heute, in veränderter Zeitstimmung, jene Alexanders. Als müßte man nur fest genug das Deutschland vor Hitler und Ludendorff zurückwollen, und schon wäre der Wunsch Wirklichkeit, oder als hätte man als Verehrer des großen Kartographen zumindest die Chance, wieder ohne Verspätung von Heidelberg nach Mainz zu kommen.

Und natürlich ist da noch ein Aspekt. Das Unbehagen an einer durch die Entdeckungen von Gauß, Darwin, Einstein, Gödel und Heisenberg ins Wanken gebrachten Weltordnung ist immer noch größer, und zwar in jedem von uns, als uns selbst klar ist. Der Erfolg des *Kosmos* im Sommer 2004 – erklärt er sich nicht auch dadurch, daß es etwas Stärkendes hat, in Gestalt eines wuchtigen Buches noch einmal den Übersichtsplan eines wohlgeordneten Weltenbaus in Händen zu halten, das Monument eines Alls, dessen Raum sich nicht krümmt, dessen Zeit sich nicht dehnt, in dem niemandes Stammbaum durch Affen kompromittiert ist und dessen Realität sich noch nicht in die Vagheit des Statistischen verschiebt? Es ist heute schwer, dieses Gefüge, einst so fest in der Wissenschaft verankert, ohne Melancholie zu betrachten; wie fern ist es mittlerweile gerückt, wie poetisch mutet es an, wie fremdartig auch. Denn schon während der politisch fortschrittliche, kerngesunde Baron über den Erdball geeilt war, um Landkarten zu erstellen, hatte der konservative und kränkliche Professor Gauß, ohne das Königreich Westfalen zu verlassen, festgestellt, daß Euklids Geometrie nicht die wahre sein konnte, daß Parallelen einander im Unendlichen berührten und der Raum, dessen irdische Erstreckungen Humboldt so rastlos bereiste, an jedem seiner Punkte komplexer war und weit schwerer begreiflich, als die Schulweisheit sich träumen ließ. Mit Humboldts von Ordnungs- und Harmonieträumen genährtem Enthusiasmus korrespondiert vielleicht auch deshalb auf das treffendste die durch keinen Erfolg zu vertreibende Melancholie des Astronomen. Auf einem Blatt jenes Heftes, in dem er vergeblich versuchte, die Bahnstörungen des Planetoiden Pallas zu berechnen, finden sich an den Rand gekritzelt, neben Hunderten von

24

Gleichungen, die schauderhaften Worte: «Lieber der Tod als ein solches Leben.»

Um die Sternwarte breitet sich heute ein fast idyllischer Garten aus. Das eisenfreie Häuschen, das Gauß hier bauen ließ, um darin das Erdmagnetfeld zu messen, steht schon lange nicht mehr. Göttingen ist gewachsen, das Gelände liegt nun nicht mehr am Stadtrand, sondern in der besten Wohngegend. Es ist, dachte ich beim Verlassen des Observatoriums, wahrscheinlich doch die zeitliche Entfernung, und nur sie, die die Persönlichkeitsrechte aufhebt und es erlaubt, Menschen, die gelebt haben, neu zu erfinden. Ganz am Ende des Romans würde mein Gauß, der fiktive, einen Blick über die trennenden hundertachtzig Jahre auf die Gegenwart werfen und sehen, was ich gerade sah. Ich war neugierig auf seine Reaktion.

Nicht, daß ich meinte, mir damit Absolution zu erkaufen. Deutlich stellte ich mir, während ich jene Straße entlangging, über der einst Gauß' Kupferdraht verlaufen war und zum erstenmal in der Weltgeschichte eines Menschen Anwesenheit von seinem Körper losgelöst hatte, ein Gemurmel vor. Ich hörte die Stimme von Dr. S., der noch einmal zu bedenken gab, daß man im Heute lebe und Eskapist sei, wenn man seine Phantasie auf eine Zeit ohne Autos und Atomkraftwerke lenke, dann die Stimme von Professor Gauß, der sich beschwerte, daß ich einen Telegraphenapparat beschrieben hätte, der so nie funktionieren würde, und überhaupt, er sei nur selten im Bordell gewesen, was ich mir da eigentlich erlaubte, dann die Bonplands, der sich zu einer Witzfigur gemacht und verspottet fühlte, dann die Humboldts, der sich auf einen Katalog der Eigenschaften von Pflanzen, Tieren und historischen Gestalten berief, von dem ich ohne Not abgewichen sei, denn wahre Dichtung sei immer realistisch und hebe sich, wenn sie ihr Ziel erreiche, in sachlicher Beschreibung auf – und schließlich, am schwersten zu hören, die Stimme von Carlos Montúfar, der wissen wollte, wo zur Hölle er bei alldem eigentlich abgeblieben sei.

Ich hätte ihnen antworten können, daß ein Erzähler niemand anderem verpflichtet ist als seiner Geschichte und daß auch diese ihm nicht gehört, selbst wenn er das glaubt. Daß die Kunst zwar zweitklassig ist gegenüber der Natur, daß sie ihr aber manchmal dennoch etwas hinzufügen muß, denn das Wirkliche ist nicht immer, nicht in allen Fällen, das Wahre. Oder ich hätte mich darauf berufen können, daß ein Künstler, wie respektabel er sich auch geben mag, im Grunde sehr gut weiß, daß er etwas nicht ganz Seriöses unternimmt und daß er sein schlechtes Gewissen nie so vollständig überwindet, wie er sich und andere glauben läßt. Wenigstens hierin hätten mir Gauß und Humboldt in seltener Einigkeit zugestimmt, denn keiner von ihnen – die natürlich nichts sagten, denn die Toten sprechen zu niemandem, auf keine Weise, sie sind ganz und gar tot, und seltsamerweise ist das am schwersten zu akzeptieren – hatte eine hohe Meinung von Künstlern, nicht einmal von den Großen, die ihre Zeitgenossen waren. So hätte es sie auch nicht beeindruckt, wenn ich mich dort, auf dem Weg von der Sternwarte in die Stadtmitte, auf einen anderen Ro-

26

mancier berufen und den Schluß von *Der Krieg am Ende der Welt* zitiert hätte, der noch einmal die Übermacht der Fiktion vor dem Beleg, die wundersame Transformation des Zeugen zum Erzähler und des Stoffs zur Geschichte beschreibt. Ein Offizier sucht unter den Leichen der Aufständischen deren Anführer João Abade und findet schließlich eine alte Frau, die behauptet, etwas über ihn zu wissen.

«‹Hast du ihn sterben sehen?›

Die kleine Alte schüttelt den Kopf und schnalzt mit der Zunge, als würde sie etwas lutschen.

‹Also ist er entkommen?›

Wieder verneint die Alte, eingekreist von den Augen der gefangenen Frauen.

‹Ein paar Erzengel haben ihn in den Himmel getragen›, sagt sie und schnalzt mit der Zunge. ‹Ich habe sie gesehen.›»

GOTT BEGRÜSST SEINE OPFER
ÜBER VOLTAIRE

«Ich war müde!» Mit diesem Satz beginnt Voltaires Memoirenfragment, der einzige Versuch dieses unermüdlichsten aller Schriftsteller, seine Verstrickungen in die Welt ohne Maske und fiktionalen Apparat zu schildern. «Ich war müde des müßigen und turbulenten Lebens in Paris, der vielen Stutzer, der schlechten Bücher, die mit Erlaubnis und Billigung des Königs gedruckt wurden, der Ränke der Literaten, der Niederträchtigkeiten und Erpressungen jener Elenden, die der Literatur Schande bereiten.» Überdrüssig also des Literaturbetriebs – und plötzlich vollzieht Voltaire einen seiner unvergleichlichen Umschläge ins Heitere –, «begegnete ich 1773 einer jungen Dame, die ungefähr so dachte wie ich».

Gemeinsam zogen die beiden – ein Paar, wie die Kulturgeschichte es nicht noch einmal sah – in die Idylle eines Landschlosses, führten Experimente durch und arbeiteten bis zu Emilie du Chatelets tragischem Tod daran, Europa vertraut zu machen mit Newtons neuer Physik, die der Hypothese Gottes nicht bedurfte. Voltaires Memoiren skizzieren noch einige Dutzend Seiten lang seinen Aufenthalt am preußischen Hof, um dann – nach einer Invektivenkanonade, von der Friedrichs Ruf sich bis heute nicht erholt hat – lustlos abzubrechen. Er hatte keinen starken Antrieb, sein Leben zu schildern. Er war beschäftigt genug, es zu führen.

Doch dieser erste Satz, dieser Ausruf der Betriebsmüdigkeit eines Nimmermüden, umfaßt schon das ganze Paradox seines Lebens: die Spannung zwischen Lärm und Stille, zwischen Welt und Eremitentum, zwischen dem Zentrum, das er nicht bloß bewohnte, sondern vielmehr verkörperte, und dem abgelegenen Gärtchen, dem seine Sehnsucht galt.

Denn natürlich, er war ganz und gar nicht der Einsiedler, als der er sich gern stilisierte. Kein Mensch hat mehr als er in Gesellschaft gelebt, mehr Briefe geschrieben, mehr dafür getan, den Status des Schriftstellers von dem des verachteten Lohnschreibers in den eines mit Königen speisenden Aristokraten zu verwandeln – wenn er auch regelmäßig die Erfahrung machen mußte, daß ein falsches Wort reichte, um jene Könige plötzlich und ohne Vorwarnung zupacken zu lassen. Immer wieder wußte er die Verstrickungen, über die er so wortreich klagte, unschuldsvoll selbst herbeizuführen. Dieser Liebhaber der Stille war ein Meister im Lärmschlagen; wenn der in Frankfurt brülle, so erklärte Friedrich seinen Geheimagenten, höre man es bis Petersburg. Er war kein Dissident, sondern eine eigenständige Macht, ein Staat für sich, der diplomatische und ökonomische Beziehungen zu den großen Häusern Europas pflegte; doch nie kam die Abstumpfung, die Ruhm und Reichtum normalerweise nach sich ziehen. Bis zum Ende seines Lebens brachte

30

der Jahrestag der Bartholomäusnacht ihm nervöses Fieber; das psychologisch Einzigartige an ihm war, daß Distanz, räumliche wie zeitliche, sein Mitleid und seine Empörung nicht dämpften. Allerdings, er zog sich vom literarisch-politischen Getümmel in seine Gärten in Genf, Lausanne und Ferney zurück. Aber dort, eingeschlossen und beschützt vom selbst erspekulierten Reichtum, versetzte ihn jedes Unrecht, jeder Justizmord, jede Naturkatastrophe irgendwo weit draußen in fassungsloses Entsetzen. Diesem eitlen, machtbewußten, aggressiven und nun wirklich nicht gutmütigen Menschen war es schlicht und einfach unmöglich, selbstzufrieden und glücklich zu sein, wenn anderswo Schreckliches geschah. Vor allem daher rührt seine Verachtung für Leute wie Pangloss und deren unendliche Kapazität, fremdes Leiden hinzunehmen.

Es ist schon oft gesagt worden, zuallererst von David Hume, daß *Candide* erst in zweiter Linie eine Satire auf Leibniz, die Theodizee und die Rechtfertigung der Vorsehung ist, in erster Linie aber eine Satire auf diese Vorsehung selbst, auf Gottes mißratene Schöpfung. Die Methode, die Voltaire in diesem Buch vorführt, ist sein bleibender Beitrag zur Philosophie: die Konfrontation eines unangreifbaren Systems mit jener Wirklichkeit, auf deren Leugnung es gründet. Lange vor Popper erkannte Voltaire den Unterschied zwischen Unwiderlegbarkeit und Richtigkeit, lange vor Kierkegaard zeigte er, daß man das logisch geschlossene Gebilde nicht bekämpft, indem man sich mit ihm auf Diskussionen einläßt, sondern indem man es mit der

Absurdität der Existenz konfrontiert. Zwar kann Pangloss, der ja selbst nicht mehr ist als ein gutherziger armer Schlucker, jedes Ereignis schönreden, aber das slapstickhafte Grauen, das ihm und Candide ununterbrochen zustößt, zerstört unseren Glauben an seine Beweisketten, wie wohlgefügt sie auch sein mögen, läßt den sorgsam einstudierten Ton des Optimismus an der Wirklichkeit brechen – die genialste und am vielseitigsten anwendbare Technik, die je zur Destruktion eines Jargons erfunden wurde. «Zuerst ließen die Kanonen nahezu sechstausend Mann auf jeder Seite umkippen, dann schaffte das Musketenfeuer so ungefähr neun- bis zehntausend Schelme von der besten aller Welten weg, deren Oberfläche sie ohnehin verpesteten. Das Bajonett wurde überdies zum zureichenden Grund für den Tod einiger tausend Mann.»

Dieses Lachen ist nie ohne Pathos. Die geheimen Widersacher des Romans, welche von all seinen kriegerischen Diskutantenfiguren nur vertreten werden, sind letztlich die Vorsehung auf der einen Seite und das Beben von Lissabon im Jahr 1755 auf der anderen, die Auslöschung von dreißigtausend Menschen, die ihre Häuser zufällig auf einer Erdfalte gebaut hatten. Wo solches geschah, fand Voltaire, war eine Rechtfertigung Gottes, ein Vertrauen auf die letzte Obrigkeit nicht bloß schwierig, es war unanständig geworden. Lissabon, schreibt Susan Neiman in ihrer Studie über den Begriff des Bösen, das war gewissermaßen das Auschwitz des achtzehnten Jahrhunderts. Eine knappe Chiffre also für die Erkenntnis, daß die Welt gescheitert war.

Ein Gedanke, der melancholisch stimmt. Inzwischen haben wir so viel von Menschen erzeugten Schrecken erlebt, daß wir über den natürlichen beinahe erleichtert sind. Warum sonst wohl einerseits das fast vollständige Ignorieren des Massakers in Ruanda und andererseits das allgemeine, wenn auch kurzlebige Entsetzen bei der großen Welle vom 26. Dezember 2004? Wie sehr die Welt sich geändert hat seit jenen geruhsameren Tagen, als man wirklich meinen konnte, alles sei gut eingerichtet vom großen Uhrmacher, läßt sich allerdings am vollkommenen Ausbleiben *religiöser* Erschütterung anläßlich dieses jüngsten göttlichen Atomschlags erkennen. Bloß Monate später ließ der Papsttod eine Woge religiöser Begeisterung rund um den Globus rasen, von Fernseher zu Fernseher, schnell und heftig, als wäre die Welt in Ordnung und Gott ein gütiger alter Herr, als hätte es die andere Welle kurz zuvor nicht gegeben. In einer wunderbaren Szene in der voltairischsten Satire unserer Zeit, den *Simpsons*, wird die halbe Stadt Springfield von einem Wirbelsturm zerstört. Menschen werden davongeweht, Häuser stürzen ein, mit süßlicher Musik wird ausgeblendet, dann sehen wir die Kirche, ganz geblieben, unmittelbar nach dem Unwetter. Auf einem Schild neben der Pforte steht: *God welcomes his victims.*

Das hätte Voltaire gefallen, und man hätte diese *Simpsons*-Folge Ende Dezember vielleicht eher auf allen Fernsehsendern bringen sollen als die Ansprachen all der Prediger, Psychologen und Berufsbeschwichtiger, die nach dem sekundenschnellen Tod von zweihunderttausend nichts Eiligeres zu sagen hatten, als daß man sich jetzt nicht empören dürfe. Und allenthalben verbot die Pietät jene Frage, die Voltaire sofort gestellt hätte, nämlich: Aber warum nicht? So niedrig und elend, erwiderte er Pascal im letzten der *Lettres philosophiques*, sei der Mensch doch eigentlich gar nicht, so furchtbar müsse sein Los nicht sein, er habe das Leiden nicht verdient! Seine seltsam gute Laune in so vielen Kämpfen wurzelte in seiner Überzeugung, daß das Leben lebbar sei und das Schreckliche, das einem zustieß, nie Grund genug, auf einen Nachmittag im Garten, ein Gespräch mit Freunden, die Liebe und vor allem die Freuden der Arbeit zu verzichten. Wie ungeheuer viel er arbeitete, wie gerne und wie leicht! Aber er lebte vor der Romantik, er mußte kein Genie sein, er hatte nicht die Pflicht, so zu tun, als fiele ihm das Spiel mit Worten schwer. Das Dasein, so entschied er früh und hielt sich daran, sollte nicht düster sein – nicht das seine, nicht das der anderen. Daher auch seine berüchtigten drei Formeln: Wenn Gott gut sei und es gebe das Übel, dann sei Er nicht allmächtig. Gebe es das Übel und Er sei allmächtig, dann sei Er nicht gut. Wenn Er aber allmächtig und gut sei, wieso gebe es das Übel?

Überlegungen, die sehr fremd klingen im heutigen Europa. Natürlich, das ist ein säkularer Kontinent, und daß er es ist, verdanken wir niemandem mehr als ihm. Aber die immer wieder ausbrechende, oft ins Schrille geratende Hysterie seiner späten Jahre, jene den Fanatismus streifende Entschlossenheit des alten Mannes, nun endlich Ernst zu machen mit *ecraser l'infâme,* sie hatte wohl vor allem mit seiner Überzeugung zu tun, daß gewonnene Freiheit wieder verlorengehen kann. Auch das Vertrauen in die Geschichte ist eine Variante des Panglosstums. Natürlich meinen wir nicht mehr, daß alles gut ist; aber wir glauben immer noch gerne, daß alles gut *wird*. Doktor Pangloss, dieser große Rechtfertiger des Bestehenden, verspricht jetzt, daß wir die Errungenschaften der Aufklärung zuverlässig und für immer besitzen. Es werde Rückschläge geben, lehrt er, aber eine Zukunft, in der Religionen die Menschen wieder fest im Griff hätten – hier etwa eine katholische Orthodoxie, unter deren Einfluß Leute, die nicht zur Messe gehen, keine Anstellung finden, dort ein protestantischer Fundamentalismus, in dem ein atheistischer Politiker nicht gewählt werden kann, und daneben ein Islam, der vielleicht eben noch liberal genug ist, zu gestatten, daß Frauen alleine auf die Straße gehen, tagsüber, mit geziemender Bedeckung –, so etwas würden wir gewiß nicht mehr sehen! Voltaire jedoch hätte Zweifel an solcher Zukunftsgewißheit. Ein Tschador, würde er antworten, ist Ausdruck alter Kultur, er ist aber auch Ausdruck religiöser Unterdrückung. Der Papst ist vielleicht ein gütiger Vater, er ist aber auch Machthaber, und könnte er es, er würde dich ins tiefste Verlies stecken, wenn du ihm widersprichst. Vor einer Führungsriege der Vereinigten Staaten, deren Entscheidungsträger ihre Politik direkt von Gott diktiert bekommen, hätte wohl selbst diesem eloquentesten aller Polemiker die Sprache versagt. Und angesichts des Gemeinplatzes, daß fremder Glaube immer zu respektieren und nie zu verspotten sei, hätte er fassungslos ausgerufen, so weit komme es noch.

Denn über Glauben muß gelacht werden können. So mancher, der Respekt fordert, meint eigentlich Macht. Hat eine Religion auch nur die geringste Macht erlangt, auch nur den allermindesten gesellschaftlichen Einfluß, so hat sie jedes Recht auf pietätvolle Schonung verwirkt. Seit Pascal und Kierkegaard wissen wir, daß es zum Los des Gläubigen gehört, das Lachen anderer zu ertragen – und kann er es partout nicht, so hat der Staat eben nicht den Gläubigen vor dem Lachen zu schützen, sondern den Lachenden vor dem Zorn des Gläubigen. Die Idee vom inhärenten Wert jeder religiösen Überzeugung, welcher Art immer, ist, ebenso wie jene der grundsätzlichen Gleichwertigkeit aller Kulturen und Traditionen, eben keine aufklärerische, sondern eine romantische; und unsere Streitigkeiten um verschleierte Lehrerinnen und Kruzifixe in Schulzimmern sind nur die Fortsetzung der unendlichen Diskussion zwischen den Gegenspielern Voltaire und Rousseau. Doch wir wissen sehr gut: In Deutschland ist man immer schon lieber diesem gefolgt als jenem.

Und es ist ja alles richtig: Er war spirituell unmusikalisch. Er träumte nie. Die Welt Goethes und Kants hätte sich ihm nicht erschlossen, geschweige denn jene Hölderlins. *Candide* ist ein flaches Buch, es ist nicht tief, es ist nicht reich, es ist nur witzig, verzweifelt und wahr. Die tiefe Schönheit von Mittelalter und Gebet, all die Argumente von Herder, Novalis und Tieck hätte er nicht verstanden. Er war blind fürs Metaphysische, und er liebte es tatsächlich, wie Schillers prunkvolle Verse ihm vorwerfen, das Strahlende

zu schwärzen und das Erhabene in den Staub zu ziehen. Er hatte keinen Respekt vor der Frömmigkeit anderer, er konnte Geschichtspläne nicht begreifen, jeder höhere Zweck, der das Leiden auch nur eines Einzelnen notwendig machte, blieb ihm schleierhaft.
Seine gesellschaftliche Utopie, das war bloß ein Garten für Momente der Müdigkeit, einer für ihn selbst
und einer für jeden anderen, fest eingezäunt, uner-
reichbar für Gott und Obrigkeit, um darin Blumen zu
züchten, Bücher zu schreiben und zu denken, was immer einem einfiel. Eine beschränkte Weltsicht, sehr
einseitig, fürwahr. Fern und fremd schon, kaum mehr
zu verstehen. Hätte sie sich durchgesetzt, um welch
große Ideen wäre die Welt ärmer! Und um wie viele Katastrophen.

Wir können den Eindruck, den das Phänomen Napoleon auf eine ganze Generation ehrgeiziger junger
Männer machte, kaum noch nachvollziehen. Ein
Mann aus dem Nichts, mittellos, ohne sozialen Rang,
war allein durch seine skrupellose Entschlossenheit,
seine Begabung und seine beispiellose Fortune an die
Spitze eines Staates gelangt, hatte Europa erobert und
sich zum Kaiser gekrönt. Für kurze Zeit waren die
Strukturen durchlässig: Um in Napoleons Frankreich
aufzusteigen, zählte nicht mehr Herkunft, sondern
Begabung. Dann stürzte der Kaiser, und eine fragile
Gesellschaft der Restauration entstand, bestimmt von
Frömmelei, Korruption, Repression und von den Idealen der Revolution ebensoweit entfernt wie vom Ständestaat des Ancien régime. Dieser Übergangszeit verdanken wir einen der bedeutendsten Romane des
neunzehnten Jahrhunderts, geschrieben von einem
Glücksritter und Abenteurer, wie die Literaturgeschichte ihn vielleicht nur in einem einzigen Moment
hervorbringen konnte.

Henri-Marie Beyle wurde 1783 als Kind eines Anwaltes in Grenoble geboren, hatte eine unruhige und wenig erfreuliche Jugend, trat 1800 in den Militärdienst ein, führte ein Bohemeleben in Paris, scheiterte mit allerlei Projekten ökonomischer und künstlerischer Art und schloß sich 1806 dem politischen Gefolge Napoleons an, der ihm Ämter und Würden verlieh und ihn in den diplomatischen Dienst aufnahm. Er verkehrte in der mondänen Gesellschaft des Empire, hatte ein paar höchst romanhafte Affären, nahm am Rußlandfeldzug teil und erlebte die Niederlage der Grande Armée. Dann, im neuen Frankreich der Bourbonen, konnte er nicht mehr heimisch werden: Mal mit mehr, mal mit weniger Geld lebte er in Deutschland und Italien und veröffentlichte erfolglose Bücher unter dem Pseudonym Stendhal. Seine Hoffnungen zerschlugen sich immer wieder; als sich das völlige Scheitern seiner schriftstellerischen Ambitionen abzeichnete und sein Roman *Rot und Schwarz* 1830 ohne Echo blieb, machte er die berühmte Voraussage, man werde ihn um 1880 zu lesen beginnen, und ab 1930 werde er weltberühmt sein. Genau so sollte es sich, fast aufs Jahr, erfüllen. Er machte große Reisen, schrieb 1838 in weniger als zwei Monaten *Die Karthause von Parma*, erlitt in Rom einen Schlaganfall und starb 1842 in Paris. Auf seinen Grabstein wurde nach seinem Wunsch *Arrigo Beyle, Milanese, Visse, Scrisse, Amò* graviert. «Er hatte einen Reichtum von Erfahrungen gewonnen», schrieb Somerset Maugham, «wie er nur wenigen Romanciers vergönnt war. In einer Zeit großer Veränderungen verschlug es ihn unter Menschen aller Arten und Klassen, wodurch er eine Kenntnis der menschlichen Natur erwerben konnte, so vollständig, wie es seine eigene Begrenztheit erlaubte.»

Rot und Schwarz, basierend auf einem realen Kriminalfall, ist die Geschichte des jungen Julien Sorel, Sohn eines Mühlenbesitzers in der Provinz, glühender Verehrer Napoleons, entschlossen, um jeden Preis Ansehen und Reichtum zu erwerben. Zwanzig Jahre früher hätte sein brennender Ehrgeiz ihn zum Militär gebracht; nun aber, in der Epoche der Restauration, muß er zur Kirche. Indem er die Bibel auswendig lernt und die Gemeindehonoratioren mit seinen Gedächtniskünsten beeindruckt, erlangt er die Hauslehrerstelle beim Bürgermeister Rênal. In seiner Eitelkeit hält er es für nötig, mit dessen Frau eine Affäre anzufangen: Jeden Schritt plant er mit militärischer Akkuratesse, bis sie tatsächlich seine Geliebte wird. Um einen Skandal zu vermeiden, schicken seine geistlichen Vorgesetzten ihn aufs Priesterseminar, in ein atemberaubendes Klima der Heuchelei und frömmelnden Lüge. Ohne Häme oder satirischen Impetus, mit jener eisigen psychologischen Klarsicht, welche ihm nicht zufällig die Bewunderung Nietzsches eintragen sollte, schildert Stendhal ein Milieu, in welchem selbst der zynische Karrierist Julien wie ein Idealist aussieht: «Nach mehreren Monaten unermüdlicher Beflissenheit sah man Julien immer noch an, daß er *dachte*. Seine Art, die Augen zu bewegen und den Mund zu formen, ließen nicht den impliziten Glauben erkennen, der bereit ist, alles zu glauben und alles zu bezeugen, sogar durch das Martyrium. Voll Zorn sah Julien, daß er in diesem Genre von den gröbsten Bauern übertroffen wurde.»

Durch sein Geschick und einige – nicht immer völlig glaubhafte – Zufälle kann Julien diesen Ort des Schreckens verlassen und wird vom Marquis de La Mole, einem aus dem Exil zurückgekehrten Grandseigneur des Ancien régime, als Sekretär engagiert. Entschlossen, nicht noch einmal seinen Aufstieg zu gefährden, verhält er sich gegenüber Mathilde, der schönen Tochter des Marquis, mehr als abweisend – was ihn in den Augen dieses verwöhnten, von allen Männern umschwärmten Luxusgeschöpfs prompt interessant macht. Sie verführt ihn, die Wechselfälle ihrer Affäre gehören zu den Glanzstücken literarischer Enthüllungspsychologie. Keiner der beiden liebt den anderen; Mathilde ist für Julien eine Möglichkeit des gesellschaftlichen Aufstiegs, Julien für Mathilde ein neuer Danton aus der Unterschicht und ein Abenteuer, das genau so lange reizvoll bleibt, wie sie sich von ihm verachtet glaubt. Mathilde wird schwanger und ringt ihrem Vater die Erlaubnis zur Eheschließung ab. Julien wird zum Offizier gemacht und in den niederen Adel erhoben, endlich scheint alles zu gelingen. Doch unmittelbar vor der Hochzeit verrät Madame de Rênal in einem Brief an den Marquis die Wahrheit über Juliens Ambitionen. Außer sich vor Zorn schießt Julien in der Kirche auf seine ehemalige Geliebte, wird verhaftet und zum Tod verurteilt. Während er auf die Hinrichtung wartet, entsteht zum ersten Mal echte Zuneigung zwischen ihm und Madame de Rênal. Seine Verlobte, die ihn voll morbider Faszination zum Schafott begleitet, ist ihm nur noch lästig.

Man weiß nicht, was man an der Neuausgabe mehr bewundern soll: Elisabeth Edls kenntnisreichen Kommentarteil oder ihre Übersetzung, welche sich der naheliegenden Versuchung verweigert, Stendhals sperrige Flüchtigkeiten zu glätten. Stendhal ist das Gegenteil eines Stilisten: Brillant geschriebene Passagen wechseln mit schleppenden ab, Inkonsequenzen tauchen auf, vor denen sogar der Kommentar kapituliert, und gegen Ende hatte der Autor es sichtlich eilig, das Unterfangen abzuschließen, verzichtete auf Kapitelüberschriften und legte sich die entwaffnende Gewohnheit zu, Beschreibungen und Dialoge nach ein paar Zeilen mit Abkürzungszeichen abzubrechen. All dies ist – und nur hierin möchte man Edl widersprechen – kein Zeichen für Stendhals Modernität, sondern eine Eigenschaft, die er mit den großen vormodernen Schnellschreibern des neunzehnten Jahrhunderts teilt, denen Makellosigkeit noch kein Stilideal war und die kein Problem darin sahen, dem Leser zu signalisieren, daß sie Wichtigeres zu vollbringen hatten als perfekte Prosa – mit Dickens also, mit Zola und vor allem mit Fjodor Michailovitsch Dostojewskij, dem Autor des anderen großen Romans über einen vom Bonapartismus geprägten Amoralisten.

Eine Läuterung und christliche Gegenutopie aber, wie sie sich für Raskolnikow abzeichnet, gibt es bei Stendhal nicht, der Zynismus seiner Figuren wird durch keine Katharsis aufgehoben. Sein Unterfangen ist schlechthin einzigartig und mit solch soziologischer Stringenz nur einmal unternommen worden: *Sine ira et studio*, ohne zu verurteilen oder anzuklagen, mit keinem Ziel als dem, sich nicht täuschen zu lassen, das Bild einer Gesellschaft zu zeichnen, deren Verlogenheit vollkommen ist. In dieser Welt gibt es Authentizität weder sich selbst noch anderen gegenüber; Ehrlichkeit ist nur die raffinierteste Verkleidung der Lüge, Aufsässigkeit die täuschendste Maske des Opportunismus. Nach dieser Lektüre ist man für längere Zeit von Leichtgläubigkeit geheilt. Wirklich nicht das schlechteste Resultat großer Romankunst.

SETZ DEINEN FUSS AUF MEINEN NACKEN!
ÜBER LEOPOLD VON SACHER-MASOCH

Die beiden Namensgeber lustvoller Qualen haben nicht viel gemeinsam. Auf der einen Seite der weltberühmte Insasse der Irrenanstalt von Charenton, Held unzähliger Stücke, Romane und Filme, der manisch schreibende Poet des Bösen; auf der anderen Seite ein Erfolgsautor des niedergehenden Habsburgerreichs, nur kurz bekannt, dann mit unzähligen Projekten gescheitert und kaum noch gelesen.

Seit kurzem jedoch hat Leopold von Sacher-Masoch wieder Konjunktur. Eine Ausstellung in der Neuen Galerie Graz präsentierte in der Gluthitze des Sommers 2003, kuratiert von Peter Weibel und Michael Farin, eine eigentümlich zufällig anmutende Auswahl von Exponaten unter dem Titel *Phantom der Lust*. Wer aber auf genauere Information hoffte, wurde enttäuscht: Erläuterungen fanden sich kaum, und die Literaturangaben verwiesen hauptsächlich auf zwei Quellen, den Katalog *Literatur in der Steiermark* aus dem Jahr 1976 und die *Österreichische Literaturgeschichte* des in Fachkreisen nicht unbedingt als Autorität geltenden Herbert Zeman. Das war um so erstaunlicher, als Michael Farin im selben Jahr das Gesamtprogramm seines Belleville-Verlags in den Dienst dieses Autors gestellt hatte und mit Lisbeth Exners erstklassig recherchierter Monographie zum erstenmal eine Rekonstruktion Sacher-Masochs turbulenter Lebensumstände erschienen war. Für die Grazer Ausstellung aber war er nur einmal mehr ein vage berüchtigt klingender Name, hinter dem keine Person zu stehen schien.

Leopold von Sacher-Masoch wird 1836 als Sohn des Polizeidirektors von Lemberg geboren. Später wird er oft von seiner slawischen Abstammung sprechen, die allerdings ist reine Erfindung. 1846 erlebt er die Niederschlagung des galizischen Aufstandes mit, zwei Jahre später, nach der Versetzung des Vaters nach Prag, die militärische Unterdrückung der Revolution. Etwa zu dieser Zeit, behauptet er, habe eine schöne Tante, bekleidet nur mit einer Fellstola, erst ihren Ehemann, dann ihn selbst verprügelt und ihm so fürs Leben die Leidenschaft für Peitsche und Pelz eingepflanzt.

1856, wieder in Graz, wird er zum Doktor der Philosophie promoviert. In frühen literarischen Versuchen beschäftigt er sich mit dem Galizien seiner Kindheit. Als kurz darauf sein erster Roman *Eine Galizische Geschichte 1846* erscheint, ist es wohl vor allem der ungewohnte Schauplatz, der das Buch sofort zu einem Erfolg werden läßt. Mit seinen noch heute lesenswerten Novellen *Der Capitulant* und *Mondnacht* wird das ferne, rückständige Galizien mit einem Schlag auf der literarischen Landkarte sichtbar; Autoren wie Joseph Roth, Bruno Schulz, Sholem Aleichem und Isaac Bashevis Singer werden dort weiterschreiben, wo Sacher-Masoch begonnen hat. Allerdings ist seine idealisie-

rende Zeichnung des Schtetls als eines Ortes vorzivili-
satorischer Romantik nicht frei von einem gewissen
Fiddler on the Roof-Kitsch: «Kein Volk ist so oft von Er-
oberern unterjocht, in die Sklaverei geschleppt, ge-
theilt und zerstreut, keines so mit Feuer und Schwert
verfolgt, unterdrückt, beraubt, geschmäht und ge-
quält worden und es lebte immer und lebt noch heute,
frisch und kräftig, wie einst in den gesegneten Thä-
lern Kanaans.» Die Begeisterung für das Judentum
trägt ihm die unversöhnliche Feindschaft der
Deutschnationalen ein. Manchmal allerdings scheint
hinter seiner Empathie, in diesem Kontext nicht gerade passend, eine lustvolle Identifikation mit den Ge-
quälten auf: «‹Du bist ein Jude!› rief Zamira. [...] ‹Ver-
gieb mir, was ich Dir gethan. Ich will es gut machen,
indem ich Dir die Freiheit schenke.› [...] ‹Nein, Herrin›,
erwiderte Nahum, ‹das wäre eine Strafe, grausamer als
die Peitsche. [...] Setz' Deinen Fuss auf meinen Nacken
und erlaube mir ihn nur jedesmal zu küssen, wenn er
mich getreten hat.›»

In den nächsten Jahren scheitert Sacher-Masochs
Hoffnung auf eine Universitätskarriere, mehrere Zeit-
schriftenprojekte enden im Konkurs, und mit *Die Liebe
des Plato*, der Novelle über eine homosexuelle Bezie-
hung, beschädigt er nachhaltig seinen Ruf. Für den ersten Teil eines nie fertiggestellten Großprojektes, des
auf sechsunddreißig Teile angelegten Novellenzyklus
Das Vermächtnis Kains, welcher nichts weniger als «das
gesammte Menschendasein» darstellen soll, schreibt
er seinen berühmtesten Text: *Venus im Pelz*.

Über dessen autobiographische Dimension wird sofort spekuliert. Tatsache ist, daß er 1869 auf einer Italienreise mit seiner Geliebten Fanny Pistor seine natürlich noch namenlose Neigung zum erstenmal hat ausleben können. Ein Vertrag ist erhalten, in dem er sich zum Sklaven der Begleiterin erklärt, einzig mit der vom dramaturgischen Gesichtspunkt aus verheerenden und deshalb auch in der Novelle wohlweislich unterschlagenen Einschränkung, daß sie nichts Ehrenrühriges von ihm zu verlangen und ihm jeden Tag Zeit für die Arbeit einzuräumen habe. «Was sich zwischen der Pistor, ihm und schließlich dem Schauspieler Salvini, einem faszinierend schönen Manne, abgespielt», berichtet sein erster Biograph Schlichtegroll, «dürfte in der *Venus im Pelz* einigermaßen getreu wiedergegeben sein. Dies Idyll brach Sacher-Masoch jedoch ziemlich schroff und plötzlich ab. Eines schönen Tages setzte er sich auf die Bahn und fuhr nach Graz zurück.»

In einer Rahmenhandlung lernt der Ich-Erzähler nach einem Traumgespräch mit der Göttin Venus, das in Maupassant-Manier die Themen anschlägt, die in der Erzählung durchgespielt werden (Macht, Grausamkeit, Unterwerfung in der Liebe), den jungen Adligen Severin kennen, der seine Geliebten hemmungslos zu züchtigen pflegt. Zur Rede gestellt, übergibt Severin dem Erzähler sein Tagebuch, dort liest dieser von Severins Affäre mit der schönen Witwe Wanda von Dunajew. Sie und Severin begegnen einander in einem Badeort, Severin verliebt sich und bietet Wanda die Ehe an, diese lehnt ab, erklärt sich aber zu einer Affäre bereit, wenn Severin ihr in allem gehorsam sein will. Ein

Vertrag wird geschlossen, die beiden reisen durch Italien, Severin muß auf sein Geld, seinen Paß, schließlich auch seinen Namen verzichten und wird immer brutaleren Demütigungen unterworfen. «Ich will», ruft Wanda aus, «hier in unserer gebildeten, nüchternen, philisterhaften Welt, ich allein einen Sklaven haben, und zwar einen Sklaven, den nicht das Gesetz, nicht mein Recht oder rohe Gewalt, sondern ganz allein die Macht meiner Schönheit und meines Wesens willenlos in meine Hand gibt. Das finde ich pikant.» Momente wie dieser, da das Pathos böser Leidenschaft unversehens in die Tonlage des Salongesprächs kippt, machen es nicht leicht, der Erzählung mit dem nötigen Ernst zu folgen. «‹Liebst du mich noch?› fragte sie, ihr Auge verschwamm in süßer Wollust. ‹Du fragst!› rief ich.» Der unfreiwilligen Komik solcher Passagen entsprechen erzählerische Versatzstücke wie die immer wieder von Wanda herbeigerufenen Negerinnen, welche bloß auftauchen, um Severin zu fesseln, und danach wieder wortlos aus der Szene verschwinden. Dennoch kann man sich dem Wagemut dieses Textes nicht ganz verschließen: Während das unablässig wiederkehrende Arrangement von Pelz, Fessel und Auspeitschung in Sacher-Masochs späteren Werken zum routiniert beschworenen Stereotyp wird, hat *Venus im Pelz* durch des Themas schiere Neuheit und die ständig fühlbare Verblüffung des Autors über die eigene Courage eine vibrierende Vitalität. Am Schluß beginnt Wanda eine Affäre mit einem reisenden Griechen, der Severin halbtot prügeln darf, was dieser genießt wie nichts zuvor in seinem Leben.

Viel später, im Jahr 1965, wird Gilles Deleuze seiner französischen Übersetzung der *Venus im Pelz* einen Kommentar beigeben, in dem er Sacher-Masochs erotisches Ritual als mutige Befreiung aus dem patriarchalischen Zwang interpretiert. Die Flut der daraufhin erscheinenden Gegenabhandlungen reicht aus, eine akademische Nischenindustrie zu gründen. Deleuzes These ist einerseits naheliegend, andererseits so unplausibel, daß man auf sie nur verfallen kann, wenn man Sacher-Masoch oberflächlich oder gar nicht gelesen hat. Denn Severins Selbstversklavung lebt davon, daß die bestehende Machtordnung als so unveränderlich empfunden wird, daß ihre Umkehrung eben ein «pikantes», jederzeit aufhebbares Spiel ist. Deleuzes Interpretation scheint naiv im Vergleich zu der der Sigmund Freuds, der in der lustvollen Qual die «Rückwendung des Sadismus gegen die eigene Person» im Zuge einer «kulturellen Triebunterdrückung» sieht, einer verzweifelten Bändigung des Todestriebs durch die Libido, vermittelt durch internalisierte Kultur.

Und welche Kultur wäre das? In diesem Fall eine des Plüsches, des Gesetzes, der Beamtenschaft. Merkwürdigerweise ist Sacher-Masochs Nähe zum anderen kakanischen Dichter des Schmerzes, Franz Kafka, noch kaum gesehen worden. Das wahre Emblem des Masochschen Prinzips ist schließlich nicht die Peitsche, sondern der Vertrag, dieses von der Welt eines de Sade unendlich weit entfernte Zubehör bürgerlich verwalteten Daseins. Ob man, wie in *Das Schloß*, den Beischlaf auf dem Boden des Schulzimmers vor den Augen seiner Assistenten vollziehen oder, wie in *Venus im*

Pelz, vorher einen Kontrakt ausfertigen und seinen Paß abgeben muß – in beiden Fällen handelt es sich um Phantasien von einer ins Privateste gewendeten Bürokratie, die zwar repressiv, aber nicht wirklich mörderisch agiert (schon früh weist Freud auf den geringen Ernst der masochistischen Folterung im Vergleich zur sadistischen hin), also in etwa jener gleicht, die das verfallende Habsburgerreich in seinen letzten Jahrzehnten mehr oder minder allein zusammenhielt.

Hat nicht auch Sacher-Masochs den Leser auf eine so harte Geduldsprobe stellender Pelzfetischismus etwas Kakanisches? Es ist eben nicht das Leder, das er zelebriert, sondern dessen «pikantes», bourgeois-gemütliches Pendant. Wenn de Sade der Endpunkt einer ins Inhumanste gesteigerten Aufklärung ist, was wäre dann sein österreichischer Widerpart? Er stünde in der Mitte zwischen Johann Strauß und Kafka, zwischen einem freundlichen Despoten mit Backenbart und den nahezu rechtlosen Bauern Rutheniens, zwischen der «guten Gesellschaft», zu der man gehören, und den Unterdrückten, mit denen man sich solidarisieren will. De Sades Ideal eines grenzenlosen Machtwillens ist in sich konsequent und ohne Widerspruch, es duldet keine Schranken. Das Ideal Sacher-Masochs aber existiert gerade in seiner verquälten Widersprüchlichkeit, in der Summe unzähliger Beschränkungen, die es in sich aufgenommen und zur Quelle eigener Lust umgewandelt hat. Vielleicht ist ebendas der Grund seiner Renaissance in einer an Freiheitsversprechen armen Zeit, einem verwalteten, aber doch nicht diktatorisch kontrollierten Leben, einer Welt, in der wie einst im todernsten Operettenstaat Franz Josephs die Zwänge sich als Lifestyle tarnen und der Lifestyle als Zwang auftritt.

Nach der Veröffentlichung von *Venus im Pelz* ist Sacher-Masochs Ruf endgültig ruiniert. Eine Verehrerin, Angelika Aurora Rümelin, schreibt ihm, sie wäre bereit, ihn «so furchtbar, daß ich es kaum aushalte», zu peitschen. Dem kann er nicht widerstehen, 1873 wird geheiratet. Nach der Hochzeit versuchen die beiden, Szene für Szene die *Venus im Pelz* nachzuspielen. Das Problem: Niemand ist bereit, als «Grieche» eine Affäre mit Wanda – den Namen hat sie ein Jahr zuvor angenommen und wird ihn lebenslang behalten – zu beginnen. Die Suche wird viele Jahre dauern. Zwei Kinder werden geboren, die Familie übersiedelt nach Bruck an der Mur, wieder nach Graz, nach Budapest und nach Leipzig, wo Sacher-Masoch das Projekt einer internationalen Literaturzeitschrift in Angriff nimmt. 1882 wird der Hochstapler Armand Rosenthal sein Mitherausgeber und – Leopold ist begeistert – Wandas Liebhaber. Doch Rosenthal führt die Zeitschrift in den Konkurs, und ganz wider den Plan verliebt Wanda sich in ihn. Ebenso entschieden wie einst die Affäre mit Fanny Pistor beendet Sacher-Masoch nun seine Ehe. Penibel läßt der Anhänger freier Liebe im Scheidungsverfahren Wandas Untreue feststellen, damit er zu keinen Unterhaltszahlungen verpflichtet ist.

Ausgerechnet Wandas noch heute lesenswerte *Lebensbeichte* – ein vornehm indiskretes Klatschbuch, wohl die literarisch beste Veröffentlichung aus dem gesamten Sacher-Masoch-Umfeld – sowie Felix von Schlichtegrolls Gegenangriff ‹Wanda› *ohne Maske und Pelz* werden ihn vor dem Vergessen bewahren. Während sich Wanda selbst als Opfer eines kranken Mannes darstellt, macht Schlichtegroll sie zu einem eisig berechnenden Racheengel, noch einmal also zu Wanda von Dunajew. Inzwischen eine ältere Dame, wird sie plötzlich von Pilgern aufgesucht, die in ihr die Inkarnation des masochistischen Frauenideals sehen. Entsetzt zieht sie sich aus der Öffentlichkeit zurück.

Nach der Scheidung wachsen Sacher-Masoch die Schulden über den Kopf. Der Versuch, in Paris literarisch Fuß zu fassen, scheitert. Er schreibt noch ein gutes Dutzend Romane, vor allem historische Epen voll grausamer Königinnen; literarisch steht er nun Felix Dahn näher als Joseph Roth. 1890 heiratet er seine Sekretärin Hulda Meister, mit deren Erbe sich die gröbsten Schulden tilgen lassen. Eine Weile arbeitet er als Redakteur einer Mannheimer Zeitung, zuletzt zieht er sich mit Frau und Kindern in das Dorf Lindheim in der Wetterau zurück. Mit Entsetzen findet er 1893 in Richard Krafft-Ebings *Psychopathia sexualis*, einem zeitgenössischen Bestseller, der durch seinen Anspruch auf Wissenschaftlichkeit vom bürgerlichen Publikum ohne Schamgefühl gelesen werden kann, den Ausdruck «Masochismus» für den Wunsch, einer «Person des anderen Geschlechtes vollkommen und unbedingt unterworfen zu sein, von dieser Person herrisch behandelt, gedemüthigt und selbst mißhandelt zu werden». Er tröstet sich damit, daß dieses Wort bald vergessen sein werde, was bleibe, so viel sei sicher, sei sein Werk.

Am 9. März 1895 stirbt er. Wie im Testament vorgeschrieben, wird die Leiche seziert und verbrannt.

Am 19. Februar 1952 starb Knut Hamsun verarmt, schwerkrank und widerwillig gepflegt von seiner zerrütteten Familie auf seinem verfallenden Hof Nörholm. Er war einer der meistgehaßten Männer Norwegens. Hunderte Exemplare seiner Bücher waren ihm von Lesern über den Gartenzaun geworfen worden – eine in der Literaturgeschichte wohl einzigartige Geste kollektiver Verachtung.

Hamsun wurde als Knud Pedersen 1859 in Gudbrandsdalen geboren; seine Schulausbildung war notdürftig, eine Universität besuchte er nie. Als junger Mann schlug er sich mit Gelegenheitsjobs durch, war Hauslehrer und Straßenarbeiter und wanderte, wie viele Landsleute, nach Amerika aus. Er war Farmarbeiter und Straßenbahnschaffner in Chicago und lebte nach seiner Rückkehr nach Norwegen in bitterster Armut von journalistischen Gelegenheitsarbeiten. Ein zweites Mal ging er nach Amerika, ein zweites Mal kehrte er zurück und schrieb in Kopenhagen die stark autobiographische Geschichte eines unterernährten, von Verzweiflung und Wahnvorstellungen geplagten jungen Mannes. *Hunger* erschien 1890, bereits unter dem Pseudonym Knut Hamsun, und wurde sofort ein

Erfolg. In den nächsten Jahren folgten unter anderem die beiden Romane *Mysterien* und *Pan*, deren wesentlicher Kunstgriff darin besteht, passend zur nervösen Überspanntheit der Helden fast gänzlich auf Handlungsmotivationen zu verzichten: So verspielt etwa Hauptmann Glahn in *Pan* die Zuneigung der von ihm verehrten Edevarda, indem er ihr bei einer Bootsfahrt unversehens den Schuh vom Fuß reißt und ihn ins Wasser schleudert. Als sie ihn später, ihrerseits nicht ohne Bosheit, auffordert, ihr seinen geliebten Hund zu schenken, erschießt er diesen und läßt ihr die Leiche bringen. Was bei dem Helden von *Hunger* noch mit physischer Schwäche erklärbar war, bekommt hier Züge pathologischer Lebensunfähigkeit. Wie sein Zeitgenosse Strindberg verwahrte sich Hamsun gegen Ibsens psychologischen Naturalismus; wie Strindbergs Stücke sind Hamsuns frühe Romane vollgesogen mit der Ende des neunzehnten Jahrhunderts in der Literatur sehr modischen Stimmung neurotischer Überreiztheit. Das erklärt ihren prompten Erfolg, erschwert aber heute manchmal die Lektüre; sie sind ebenso in die Jahre gekommen wie die rankenreichen Jugendstilillustrationen, mit denen der deutsche Verlag die Erstausgaben schmückte.

Nach einigen erfolgreichen, aber nicht wirklich erstklassigen Romanen wie dem kalkulierten Bestseller *Viktoria* klangen in den ländlichen Schelmenerzählungen *Schwärmer* und *Benoni* ungekannte Themen an: Hamsun wandte sich den norwegischen Bauern und Fischern, der Welt seiner Jugend zu. Sein neuer Stil war geprägt von scheinbar beiläufiger Umgangsspra-

56

che, von einer geschickten Vermischung direkter und referierter Rede, von einer trügerischen Einfachheit. In der *Wanderer*-Trilogie inszenierte er ein vielschichtiges Spiel von Autobiographie und Fiktion um die Liebesabenteuer des alternden Schriftstellers und Landarbeiters Knud Pedersen, in *Segen trug Erde* schilderte er in pseudoarchaischem Ton das Dasein schlichter Bauern. Der Roman trug ihm 1920 den Nobelpreis ein und wurde zu einem der Lieblingsbücher der Nationalsozialisten.

Segen der Erde zeigt Hamsun als entschiedenen Feind alles Technisierten, Urbanen und Internationalen. Allerdings ist es kein faschistischer Roman: Er enthält zwar eine Glorifizierung des Bodens, aber keine des Blutes, und eine Vielzahl ironischer Brechungen verhindern, daß er je zur Propaganda verkommt. Während sich etliche der «einfachen», «unverbildeten» Charaktere als bösartig und dumm entpuppen, ist es der Industrielle Geißler, der mit seinem Geld und Einfluß dafür sorgt, daß die Idylle überhaupt gedeihen kann; die Rückkehr zur Natur geschieht unter dem Schutz ebenjener Technisierung, der man zu entfliehen meint.

Die zwischen 1923 und 1933 verfaßte Romantrilogie *Landstreicher, August Weltumsegler* und *Nach Jahr und Tag* ist Hamsuns bleibender Beitrag zur Weltliteratur und eines der größten Meisterwerke epischer Kunst. Geschildert werden die Lebensläufe einiger Dutzend Menschen in einer Fischerbucht im hohen Norden. Die Verkörperung all dessen, was Hamsun ablehnt, ist der vielgereiste Aufschneider August, der Handel und

Industrie in die Bucht bringt und die Menschen zu wirtschaftlichen Spekulationen anstachelt und unzufrieden macht. Doch ebendieser August ist nicht nur die faszinierendste Figur, sondern auch der einzige wirklich gute Mensch, wohingegen die Seßhaften und Erdverbundenen nur ihre eigenen Zwecke verfolgen. Gegen die alle drei Bände durchziehende Metapher vom modernen Leben als heimatlosem Landstreicherdasein setzt sich August – die Synthese aus Hamsuns frühen neurotischen und späteren vitalen Figuren – mit seiner Lebenskraft und sympathischen Unehrlichkeit, seinem Wagemut und seiner Phantasie immer wieder durch und behält, gewissermaßen als Verkörperung der Moderne, gegen den eigenen Autor recht.

Mit der deutschen Okkupation begann Hamsuns dunkelste Phase. Bestärkt durch seine Frau, eine überzeugte Nationalsozialistin, und beeindruckt von Hitlers Versprechen, Norwegen eine europäische Vormachtstellung zu verschaffen, schrieb er Artikel, in denen er für die von Deutschland eingesetzte Quisling-Regierung warb; und obwohl sein einziges Treffen mit Hitler zu einem Desaster geriet (er versuchte, sich über Verbrechen der Deutschen in Norwegen zu beschweren, worauf Hitler das Gespräch abrupt beendete), verfaßte er nach dessen Tod einen hymnischen Nachruf auf ihn. Nach Kriegsende wurde Hamsun verhaftet, monatelang in der Psychiatrie festgehalten, demütigenden Untersuchungen unterworfen und schließlich als geistig verwirrt freigelassen. Zurück auf seinem inzwischen verfallenden Gut widmete er, nun einer der verachtetsten Männer des Landes, sich der Aufgabe, das psychiatrische Urteil zu widerlegen. Obwohl er das Schreiben schon seit Jahren aufgegeben hatte, machte er sich noch einmal an die Arbeit. 1949 erschien, nach langer Verlagssuche, sein letztes Buch.

Auf überwachsenen Pfaden ist eine von Hamsuns stärksten und zugleich problematischsten Leistungen: eine Rechtfertigung, die es vermeidet, sich zu rechtfertigen, ein vielstimmiges und vielschichtig-brillantes Spiel mit allen literarischen Mitteln, die die von ihm so geringgeschätzte Moderne einem ihrer geheimen Meister an die Hand gab. Aus der Erzählperspektive eines bereits Toten («Gerade jetzt wirbelt ein neues und hoffnungsvolles Geschlecht aus dem Untergrund heraus. [...] Sie sind alle miteinander Wanderlichter, kommen, schimmern ein bißchen und verschwinden. Kommen und gehen, wie ich kam und ging») beschreibt er mit einer Gelassenheit, hinter der nur manchmal, wenn es um Untersuchungsrichter und Psychiater geht, Bitterkeit und polemische Verve sichtbar werden, das Leben im Altersheim, Spaziergänge im Schnee und von der Taubheit erschwerte Gespräche mit fiktiven Alter egos wie dem liebeskranken Martin aus Hamroya oder dem gescheiterten Schullehrer Ol'Hansa. Angeblich zufällig aufgelesene Zeitungsartikel werden unversehens zu Miniaturdramen, aus verstreuten Gedanken entstehen Gedichtfragmente, die der Erzähler sofort selbstironisch wieder zurücknimmt: «Ich fand das nach einer Weile gar nicht so schlecht, wirklich. Andere können's auch nicht besser. [...] Ich bin kein Robert Burns.» Und nur hin und wieder, wie nebenher, finden sich eingestreute Sätze der Verteidigung: «Ich, ausfällig gegen Juden? Dazu hatte ich zu viele gute Freunde unter ihnen, und sie waren mir gegenüber vornehme Freunde.»

Hamsun erzeugt, gerade weil er das Argumentieren verweigert, schon nach kurzem ein Klima des Einverständnisses, das den Leser dazu verführt, über offenkundige Widersprüche hinwegzulesen: So will er erstens nichts von den deutschen Verbrechen gewußt haben und zweitens immer wieder entschieden gegen diese Verbrechen vorgegangen sein; er behauptet, daß niemand sich die Mühe gemacht habe, ihn alten und tauben Mann über seine Fehler aufzuklären, und bekräftigt zugleich, daß er keine Fehler gemacht und nichts im Auge gehabt habe als Norwegens Wohl und Größe. Der Name des Diktators fällt nur ein einziges Mal, im kurios ambivalenten Zusammenhang eines Loblieds auf zwei alte Galoschen: «Gut waren sie, die Galoschen, ich bin mit dem Riß [darin] in vielen Ländern herumspaziert, und ein berühmtes Mal haben sie mich nach Wien und zu Hitler begleitet.»

Ist das nun Selbstironie, verschämt angedeutete Reue oder einmal mehr uneinsichtiger Starrsinn? Mit genau dieser Vieldeutigkeit spielt Hamsun mit schlicht überwältigender Raffinesse. Es ist kaum möglich, das Buch aus der Hand zu legen, ohne zumindest halb mit dem alten, naiven und gutmütigen Mann, der, wenn schon nicht der Autor, so doch dessen Hauptfigur ist, zu sympathisieren.

Erfundene Schlösser aus echtem Stein
Über J.R.R. Tolkien

Anfang 1997 führten der britische Bildungskanal *Channel 4* und die Buchhandelskette Waterstone's eine Leserbefragung nach dem bedeutendsten Roman des zwanzigsten Jahrhunderts durch. Das Ergebnis erregte Tumulte unter Englands Literaturkritikern: «Ich würde dieses Ding nicht in meinem Haus aufbewahren!» versicherte Susan Jeffreys in der *Sunday Times*. Das *Times Literary Supplement* nannte das Resultat «schreckenerregend», und der *Guardian* bezeichnete den Gewinnertitel als «eines der schlechtesten Bücher, die je geschrieben wurden». Es ging, natürlich, um J.R.R. Tolkiens *Der Herr der Ringe*.

Nur zögernd und defensiv meldeten sich auch andere Stimmen. Die Literaturwissenschaftler Andrew O'Hehir, Joseph Pearce und T. A. Shippey legten Tolkien-Apologien vor, außerdem wurde daran erinnert, daß Tolkien in Schriftstellern wie Iris Murdoch und W. H. Auden namhafte Verehrer hatte. Auden hatte 1956 über den dritten Band *Die Rückkehr des Königs* geschrieben: «Die einen, wie ich selbst, halten es für ein Meisterwerk, die anderen können es nicht ausstehen. Und unter diesen Gegnern gibt es, das muß ich zugeben, einige, für deren literarisches Urteil ich großen

Respekt habe. Ich kann nur annehmen, daß manche Menschen aus Prinzip gegen heroische Abenteuer und erfundene Welten sind.»

Tatsächlich scheint der Widerstand gegen Tolkien häufig ohne Grundlage zu sein – die meisten Kritiker der Umfrage von 1997 betonten, daß sie keine Zeile des Machwerks gelesen hätten – und auf Vorentscheidungen zu beruhen, was Literatur zu sein habe und was nicht. Radikaler selbst als die meisten avantgardistischen Strömungen stellt dieser Roman mit seinem Welterfolg und seiner Anziehung auf immer neue Lesermassen die Grenzen unseres Literaturbegriffs in Frage. Schon nach wenigen Seiten wird klar, daß man es hier nicht mit einem Phänomen à la Stephen King, Tom Clancy oder Danielle Steel zu tun hat; Tolkiens Intelligenz und Stilsicherheit und sein schlechthin atemberaubendes handwerkliches Können machen es unmöglich, ihn als platten Bestsellerautor beiseitezuschieben.

John Ronald Reuel Tolkien wurde 1892 als Sohn englischer Eltern in Südafrika geboren. Nach dem Tod des Vaters kehrte seine Mutter, eine konvertierte Katholikin, mit den beiden Kindern nach England zurück. Zunächst wuchsen Tolkien und sein jüngerer Bruder im ländlichen Worcestershire, einer fast vorindustriellen Gegend, auf; dann zog die Familie ins Industriegebiet von Birmingham, was die Kinder der Schlote, des Lärms und Gestanks wegen als Schock erlebten. 1904 starb Tolkiens Mutter an der damals noch unheilbaren Diabetes. Die katholische Kirche kümmerte sich um die beiden Waisen, die nacheinander bei mehreren unverheirateten und, glaubt man Tolkien, nahezu dickenshaft abstoßenden Tanten untergebracht wurden.

Mit sechzehn lernte Tolkien die um drei Jahre ältere Edith Bratt kennen. Sein geistlicher Vater und Vormund allerdings verbot ihm jeden, sogar den brieflichen Kontakt mit ihr. Andere hätten revoltiert, Tolkien befolgte den Befehl bereitwillig, offenbar ohne daran zu zweifeln, daß Edith geduldig bis zu seiner Volljährigkeit warten würde. Pünktlich zu seinem einundzwanzigsten Geburtstag schrieb er ihr – und überraschenderweise hatte sie tatsächlich gewartet, wenn auch, die inzwischen gedruckten Briefe belegen es, nicht ganz so enthusiastisch wie er.

Zu dieser Zeit las Tolkien in einem altenglischen Gedicht die Zeilen «Heil Earendel, hellster der Engel, / über Mittelerde den Menschen gesandt», und ihm «war, als ob da etwas in mir erwachte. Es war etwas sehr Seltsames und Fernes und Schönes an diesen Worten, weit jenseits der Sprache». Sofort begann er, die Elbensprache Quenya zu entwickeln, die im *Herrn der Ringe* später eine so große Rolle spielen sollte. 1916 heiratete er die inzwischen zum Katholizismus konvertierte Edith Bratt und wurde als Soldat nach Frankreich geschickt, wo er an der Somme-Offensive teilnahm. Eine schwere Typhusinfektion rettete ihm vermutlich das Leben, fast alle seine Kameraden kamen in der Schlacht um. Wenn Tolkien später über die Schrekken des Krieges schrieb, so wußte er, wovon er sprach.

Nach dem Krieg arbeitete er als Assistent beim *New English Dictionary*, hauptsächlich zuständig für den Buchstaben W. 1920 wurde er Assistent für englische

Sprache an der Universität Leeds und publizierte die maßgebliche wissenschaftliche Edition des altenglischen Epos *Sir Gawain and the Green Knight*. 1925 wurde er Professor in Oxford.

Damit begann ein unauffälliges Akademikerdasein. Tolkien veröffentlichte nicht viel (später, zeitgleich mit dem Rest der Welt, erfuhren auch seine Kollegen, womit er seine Stunden statt dessen verbracht hatte), laut seinem Biographen Shippey galt er dennoch als der weltweit führende Experte für das Angelsächsische. Seine Ehe war glücklich – C. S. Lewis nannte ihn den «verheiratetsten Mann», den er kenne – und brachte fünf Kinder hervor. Mochte man sich später auch über die auffallende Abwesenheit von Frauen in seinem Werk und über die Asexualität seiner mythologischen Figuren lustig machen, so ist doch bedenkenswert, daß unter den britischen Universitätslehrern verheiratete Männer damals eine Ausnahme waren (daher durfte Tolkien wie nur wenige andere Professoren für weibliche Studenten Tutor sein) und Frauen für die meisten seiner Kollegen wohl noch weit unbekanntere Wesen waren als für ihn.

1937 schrieb er den Roman *Der Hobbit*. Und zwar nicht, wie bis heute berichtet wird, für seinen Sohn John. «Das ist Unsinn! Wenn man ein jüngerer Mann ist und nicht ausgelacht werden will, sagt man eben, daß man für Kinder schreibt.» Das Buch wurde sofort ein Bestseller, die Verleger drangen auf eine Fortsetzung. Tolkien erzählte später, daß er zunächst nicht sicher gewesen sei, ob es überhaupt noch etwas über Hobbits zu sagen gebe. Langsam entwickelte er eine

Geschichte, die sich immer ausufernder gestaltete und an der er schließlich vierzehn Jahre schrieb. Alle Verleger lehnten das Manuskript ab, so daß Tolkien, am Rand schwerer Depressionen, die Hoffnung schon fast aufgegeben hatte, als sein Student George Sayer ihn zufällig einlud, ein neuartiges Tonbandgerät auszuprobieren. Tolkien sprach, nur halb im Scherz, ein gotisches Vaterunser über dem Gerät, um böse Geister zu vertreiben. Dann las er zwei Passagen aus dem Manuskript. «Er hörte sich», erzählte Sayer, «aufmerksam und, wie mir vorkam, nervös die Aufzeichnung an. ‹Wissen Sie›, sagte er dann, ‹sie haben alle unrecht. Die Verleger haben unrecht, und ich habe unrecht, wenn ich nicht daran glaube. Ich bin jetzt sicher, das hier ist gut. Es ist wirklich gut!›»

Tolkien nahm die Verlagssuche wieder auf und wandte sich schließlich an seinen Studenten Rayner Unwin, einen Verlegersohn. Der überredete seinen Vater zur Publikation des Buches in drei Bänden. Man rechnete mit einem Verkauf von knapp dreitausend Exemplaren und einem moderaten finanziellen Verlust. 1954 erschien der Roman und war nach kurzem einer der größten Bucherfolge aller Zeiten.

Die Hippies erkoren Tolkien zu ihrem Kultautor, auf Demonstrationen gegen Nixon wurden *Gandalf for President*-Plaketten getragen, Tolkien-Gesellschaften wurden gegründet, und der alte Professor wurde immer öfter von Bewunderern belästigt. Er gab seinen Lehrstuhl auf, um ungestört an seinem neuen Buch *Das Silmarillion*, der mythischen Vorgeschichte von Mittelerde, zu schreiben. Doch die Niederschrift stockte,

Edith Tolkien starb 1971, ihr Mann zwei Jahre später. *Das Silmarillion* wurde 1977 von seinem Sohn Christopher aus dem Nachlaß publiziert. Erst dieses Buch und die von da an kontinuierlich erscheinende *History of Middle Earth* zeigten, wie komplex die Vorarbeiten waren, auf denen Tolkien seine fiktiven Mythologien und Sprachsysteme aufgebaut hatte.

Die Geschichte des *Herrn der Ringe* entfaltet sich vor dem Hintergrund eines unüberschaubar verzweigten mythisch-philologischen Kosmos, der sich dem Leser nur in Bruchstücken enthüllt: Lange bevor Tolkien mit seiner Arbeit an dem eigentlichen Roman begann, hatte er die beiden Elbensprachen Quenya und Sindarin und die gesamte mythische Vorgeschichte entwickelt. Ein in fernen Urzeiten vom dunklen Herrscher Sauron geschmiedeter Ring muß zerstört werden, wenn Sauron nicht zurückkommen und die Macht über Mittelerde erlangen soll (ebenjene *middangeard*, die Tolkien Jahre zuvor im Gedicht begegnet war; das Wort bezeichnet im Angelsächsischen die Bereiche zwischen Himmel und Hölle). Der Ring fällt durch glücklichen Zufall in die Hände des unerfahrenen Hobbits Frodo; nur er ist – wenigstens zu Beginn – bescheiden und beschränkt genug, um nicht von der bösen Macht des Rings korrumpiert zu werden. Unter der Leitung des Zauberers Gandalf macht sich eine Gruppe auf, den Ring an den einzigen Ort zu bringen, an dem er vernichtet werden kann: zu dem Vulkan, in dem er geschmiedet wurde.

Warum soll man sich mit solch einer Geschichte beschäftigen, was macht ihren Reiz aus, weshalb konnten Auden und Iris Murdoch davon gefesselt sein? Letztlich haben wir die Erzählung eines Heranwachsens, eines Reifungsprozesses vor uns, an deren Ende Frodo nicht etwa dem Herrn des Bösen gegenübersteht, wie es die zum Manichäismus tendierende Dramaturgie Hollywoods vorschreiben würde, sondern sich selbst; nicht nur hierin ist Tolkien geprägt von seinem christlichen Weltbild. Zwar ist im Roman niemals von Religion die Rede, aber natürlich sind viele seiner Bilder und Motive – etwa der Aufbruch der Elben zu den grauen Anfurten am Ende des dritten Bandes – zutiefst von christlichen Jenseitsvorstellungen bestimmt und erhalten dadurch einen existentiellen Ernst und eine metaphysische Aufladung, gegen die sich etwa die sympathische Harry-Potter-Reihe oder C. S. Lewis' *Narnia Chronicles* harmlos ausnehmen. Tolkiens christliche Ausrichtung erklärt auch seinen zuweilen offensiv vorgetragenen Antimodernismus: Seine Bewunderung für einfaches Leben und Heldentum sind so wenig zu übersehen wie seine Intention, die Elben als reinste und älteste Aristokratenrasse darzustellen. Doch es findet sich bei ihm kein Anflug von Blut-und-Boden-Ideologie; in seiner Bejahung des einfachen Landlebens und seiner Ablehnung von Industrie und Handel steht er eher dem Weltbild des britischen Landadels, dem späten Heidegger oder den ersten Grünen nahe.

Tolkien feilte an seinen erfundenen Sprachsystemen mit einer fast unsinnig erscheinenden Akribie: Wie *Ulysses* und *Finnegans Wake* ist *Der Herr der Ringe* vor allem ein dickes Buch voller Spracherfindungen und ausufernder linguistischer Phantasien von schlechthin perfekter innerer Konsistenz. Ihr verdankt sich jenes intensive, von keinem anderen Werk des Genres erzeugte Gefühl von Realität, das der Leser empfindet, ohne so recht zu verstehen, wodurch es hervorgerufen wird. «Tolkiens erfundene Schlösser», schrieb Andrew O'Hehir, «sind mit einer gewissen Menge echten Steins gebaut.»

Ähnlich verhält es sich mit der erfundenen Mythologie. Freimütig bediente Tolkien sich bei den ihm so wohlbekannten angelsächsischen und altnordischen Quellen. Doch seine Figuren selbst sind nicht mythisch, sondern psychologisch angelegt, ja widersprüchlich und auf moderne Art komplex (so läßt sich etwa die Abhängigkeit, zu der das Tragen des Ringes führt, als Metapher für Süchte lesen und der Charakter Gollums als Studie der Schizophrenie); mythisch ist nur der Hintergrund der Figuren, die sie prägende Vergangenheit. An keiner Stelle entwickelt Tolkien die Geschichte des vergangenen Ersten und Zweiten Zeitalters so klar und konsistent, wie sie später aus seinem Nachlaß rekonstruiert worden ist; er läßt den Leser geschickt im unklaren, greift Motive nach Hunderten von Seiten wieder auf und erschafft so eine Glaubwürdigkeit, welche wirklich alte Mythen, liest man sie in Kompendien nach, niemals gewinnen. Das Mythische, weiß Tolkien, ist letztlich nicht erzählbar, weil jede Erzählung ihren Stoff gegenwärtig macht, Mythos aber das immer schon Vergangene ist. Bloß die ältesten Figuren wie Galadriel oder Elrond erinnern sich noch an Ereignisse des letzten Ringkriegs, der für die anderen nur mehr Legende ist. Frodos uralter Onkel Bilbo gehört zu den wenigen, die noch einen Drachen gesehen haben; in Frodos Zeit aber setzt sich jemand, der glaubt, daß Drachen je existiert hätten, bereits der Lächerlichkeit aus. Und obwohl wir einige Elben kennenlernen, erfahren wir, daß die meisten Figuren des Romans diese Wesen nur noch für Gestalten alter Sagen halten. Tolkiens Welt ist in einem ständigen Wandel vom Magischen ins Profane begriffen, und wenn am Ende jene Charaktere, die wir besser kennengelernt haben als viele Menschen im wirklichen Leben, uns unversehens selbst als mythisch und überlebensgroß erscheinen, müssen auch sie schon abtreten und zu den grauen Anfurten, ins Jenseits, ziehen. *Der Herr der Ringe* ist eines der melancholischsten Bücher der Literaturgeschichte.

Ein anderer wichtiger Kunstgriff ist, daß Tolkien auf das Aussehen seiner Figuren nicht eingeht. Man glaubt, die äußere Gestalt all der Orks, Elben, Hobbits zu kennen, und nur wenn man genau nachliest, wird man bemerken, daß sie nirgendwo wirklich beschrieben sind. Tolkien verhindert vorsätzlich, daß aus den vielen Details je ein deutliches Bild entsteht. Im Kontrast dazu werden die Landschaften, werden die Geographie und das Wetter schlechthin überrealistisch geschildert; in jedem Moment hat man eine unmärchenhaft präzise Vorstellung von Regen oder Hitze, von der Beschaffenheit des Bodens, von Windstärke und Vegetation. So erzeugt Tolkien zwischen scharf umrissener Psychologie und exakt gezeichneter Umgebung dort, wo Gesichter sein sollten und wo sich die sogenannte Fantasy-Literatur gerne in endlosen Ausmalungen des Skurrilen erschöpft, eine wohlkalkulierte Vagheit. Aus diesem Grund mußten sich die Ausstatter von Peter Jacksons Film auf der Suche nach Vorlagen an die pseudohalluzinatorischen Illustrationen der englischen Taschenbuchausgabe halten, die schon manchem die Lektüre fast vergällt hätten und die Tolkien selbst nicht leiden konnte.

Es war nur eine Zeitfrage, bis diese neue Verfilmung kommen mußte (eine sehr teure Zeichentrickversion wurde schon 1977 produziert). Vermutlich gibt es überhaupt keinen zweiten Roman, der ein vergleichbares intellektuelles Potential mit einer solchen Anziehungskraft auf immer neue Massen von Lesern vereint. Tolkien selbst, der nichts gegen Verfilmungen hatte und ebendiese Massenwirkung für ein Kriterium gelungenen Erzählens hielt, wußte durchaus, daß *Der Herr der Ringe* alles herausforderte, was an literarischen Wertungen als etabliert und selbstverständlich galt. Und er genoß es. «Viele Leute fanden das Buch langweilig oder absurd, und ich habe keinen Grund, mich darüber zu beschweren», schrieb der Professor gelassen. «Denn eine ganz ähnliche Meinung habe ich von jener Art Literatur, die sie offensichtlich bevorzugen.»

WOLLUST, SORGLOSIGKEIT UND MUT
LOUIS-FERDINAND CÉLINE:
REISE ANS ENDE DER NACHT

Reise ans Ende der Nacht ist ein fürchterliches Buch. Anders kann und sollte man es nicht sagen. Mit jeder höflichen Umschreibung, jeder eleganten Einordnung in den feuilletonistischen Diskurs wird man Absicht und Eigenart dieses Romans nicht gerecht und macht ihn zu etwas, das er nicht sein will, nämlich «guter Literatur». Louis-Ferdinand Célines 1932 erschienenes Hauptwerk ist ein Buch lupenreinen Hasses, ein schäumender, vor Vitalität pulsierender Angriff nicht auf den Krieg, nicht auf bestimmte Züge der Gesellschaft, sondern auf Menschheit und Menschlichkeit an sich. Céline ist kein Satiriker. Selbst Swift und Kraus, so düster ihre Visionen auch sind, hatten ein Ideal vor Augen, schrieben aus der Vorstellung heraus, wie die Welt sein könnte, wenn sie besser wäre. Bei Céline gibt es ein Besseres nicht einmal als Möglichkeit: Da ist bloß Tod und Dreck, die Erbärmlichkeit des Daseins, die unfruchtbare Lächerlichkeit jedes Befreiungsversuchs.

Das zu lesen ist nicht angenehm. Wenn man die *Reise* ernst nimmt, nicht bloß als literarisches Experiment oder als «wichtiges Buch», sondern als die existentielle Vision, die sie sein will, zeigt sie sich als ein

71

Unternehmen, das ein Mensch mit gesundem Geist kaum beginnen, noch weniger beenden konnte; kein Wunder, daß sich Céline nach den Berichten seiner damaligen Lebensgefährtin Elisabeth Craig während der Arbeit daran für immer veränderte. Die Handlung ist autobiographisch geprägt, kaum nacherzählbar und im Grunde nebensächlich: Ein Erzähler namens Ferdinand erlebt den Ersten Weltkrieg, kommt in die Nervenheilanstalt, wandert nach Amerika aus, lebt in New York und Detroit, taucht plötzlich wieder in Frankreich auf, wo er als Armenarzt arbeitet, wird für eine Weile Mitglied einer Varietétruppe und zuletzt stellvertretender Leiter eines Irrenhauses. Eine Handvoll rasch skizzierter und ebenso rasch wieder verschwundener Nebenfiguren eilt vorbei, die Schauplätze wechseln mit filmischer Geschwindigkeit, Nebenhandlungen werden fallengelassen, bevor sie sich abrunden können, bleiben Fragment. Das Buch lebt von dem Kontrast zwischen der atmosphärischen Intensität seines dunklen Weltentwurfs und der burlesken Lebendigkeit seiner Sprache.

Und diese Sprache, nun von Hinrich Schmidt-Henkel in ein nie zu platt modernes Deutsch übersetzt, ist es, die den Roman bei aller Universalität an eine bestimmte Epoche und Kultur bindet: Céline öffnete das Französische weit für die Umgangssprache, für Slang und Argot, für das Poetische des Vulgären. Bis heute hat die *Reise* damit für gebildete Franzosen, für Absolventen der *Grandes Ecoles*, die an den Pomp und die Würde gewöhnt sind, mit der sich Frankreichs offizielle Prosa gern umkleidet, etwas von einem befreienden Skandalon. Hierin vor allem, viel mehr als in seinem Angriff auf das Militär, liegt der Schlüssel für den unmittelbaren Erfolg. Zwar gehören die Kriegspassagen in ihrer Drastik zu den beeindruckendsten der modernen Literatur, aber für Célines universale Verachtung ist der Krieg nur ein weiterer Gipfelpunkt menschlicher Torheit, sind die Offiziere in ihrer stolzen Dummheit nur ein weiteres Beispiel für die Verkommenheit der französischen Oberschicht. Im Weltbild der *Reise* ist das ganze Dasein ein Krieg, blutig, brutal und widerlich, ist der Krieg selbst also nur eine Abscheulichkeit unter vielen.

Daß *Reise ans Ende der Nacht* ausgerechnet jetzt neu und vor allem zum erstenmal ungekürzt ins Deutsche übertragen wurde, daß zur gleichen Zeit die wohlkalkuliert bruchstückhaften Memoiren von Célines Witwe Lucette Destouches erscheinen, zeigt, daß nach dem literarischen Frankreich nun auch das literarische Deutschland seinen Frieden mit diesem Autor macht. Es ist nicht unkomisch und hätte Céline selbst sicher amüsiert, wie wohlwollend die Feuilletons diesen Roman jetzt begrüßen: Rezensenten, denen eben noch eine gekrümmte Nase in einem Roman Martin Walsers Grund für Warnrufe war, versichern nun, daß man Céline, der sich den Nazis nicht trotz, sondern wegen ihres Antisemitismus anschloß und der erklärte, der Fingernagel eines arischen Penners sei mehr wert als das Leben hundert jüdischer Kinder, unbesorgt lesen könne. Tatsächlich ist es richtig, daß der Haß in der *Reise* noch nicht gebündelt und gegen eine bestimmte Gruppe gerichtet ist. «Wie viele Leben würde ich brauchen, um auf eine Idee zu kommen, die stärker wäre als alles auf der Welt?» fragt sich Ferdinand einmal gegen Ende des Romans, voller Sehnsucht nach «einer fabelhaften Idee, die mir sogar stärker als der Tod sein würde, einer Idee, dank deren ich überall Wollust, Sorglosigkeit und Mut verspritzen würde». Céline selbst, wir wissen es, sollte diese Idee finden, und zwar mit solcher Radikalität, daß er, wie Hannah Arendt später in ihrer Studie über den Totalitarismus rekonstruierte, nicht einmal für die Propagandazwecke der Nazis einsetzbar war. Unter den vom Faschismus begeisterten Intellektuellen von Rang findet sich jedenfalls nur ein einziger, der von ganzem Herzen den Holocaust bejahte. Um so kläglicher der Versuch einer nachträglichen Korrektur durch Lucette Destouches: «Für ihn waren die Juden Kriegstreiber, und er wollte einen Krieg vermeiden. Das ist alles.»

Und *Reise ans Ende der Nacht*? Nein, da ist wirklich noch nichts Antisemitisches, aber schon hier stellt sich die Frage, ob es der Qualität eines Buches nicht schadet, wenn jede Frau darin als käuflich und jeder Schwarze als Witzfigur dargestellt wird. Es ist modisch, sich gegen eine politische Korrektheit zu wenden, die sich angeblich an solchen Dingen stört, die aber im Grunde ohnehin nirgendwo existiert als in den Karikaturen ihrer Gegner: Motive wie diese sind nicht problematisch, weil sie politisch unbequem, sondern weil sie falsch sind, weil Literatur es mit der Wirklichkeit zu tun hat und Abweichungen von ihr, die nicht auf Überzeichnung, Stilisierung und künstlerischem Willen, sondern auf falscher Wahrnehmung beruhen, unfehlbar den literarischen Rang eines Textes drücken. Denn letztlich stimmt es ja nicht, daß alle Menschen niedrig und ekelhaft, alle Taten selbstsüchtig, alle Unternehmungen gemein und zum Scheitern verurteilt sind. Darum ist die literarische Vision Marcel Prousts der seines Antipoden Céline haushoch überlegen, und darum ist die *Reise ans Ende der Nacht* letztlich doch nur eine brillante Kuriosität, ein grenzenlos mutiges Nebenwerk des literarischen Kanons, dessen Lektüre tief verstört, aber schnell wieder vergessen ist und das bei weitem nicht Prousts Kraft hat, eines Lesers Wahrnehmung für immer zu verändern.

Die Nacht, an deren Ende Céline mit solcher Konsequenz reist, ist nichts anderes als die Tiefe seiner Idiosynkrasien, Wahnvorstellungen und zunehmend pathologischen Ideen. Kein Wunder, daß die einzige psychologische Analyse in diesem Roman den Insassen einer Nervenheilanstalt gilt: «Ein Verrückter hat keine anderen Gedanken als jeder andere gewöhnliche Mensch auch, aber bei ihm sind sie sicher im Kopf eingesperrt. Die Welt dringt in diesen Kopf nicht vor, und das genügt. So ein abgeschlossener Kopf wird wie ein See ohne Zufluß, ein gräßlicher Gestank.» Oder er wird zum Schöpfer eines literarischen Meisterwerks. «Man muß dazusagen», bemerkt Célines Witwe in ihren Erinnerungen einmal ganz nebenbei, «daß auch Louis in gewisser Weise wahnsinnig war.» Ja, vielleicht muß man das dazusagen. Nicht zuletzt darin läge dann die Größe dieses einzigartigen Romans. Wie auch seine Begrenztheit.

DER GAST AUS DER ZUKUNFT
ÜBER ISAIAH BERLIN

Am 12. November 1945 besuchte in Leningrad ein junger englischer Philosoph die Dichterin Anna Achmatowa. Isaiah Berlin hatte seine Karriere in Oxford unterbrochen und arbeitete als Presseattaché für die britische Botschaft in Rußland. Der nun folgende Abend, so lesen wir jetzt drei Jahre nach Berlins Tod in seiner ersten Biographie, sollte der Wendepunkt seines Lebens sein. Der Schriftsteller Michael Ignatieff hatte Berlin in dessen letzten Lebensjahren besucht, und Berlin sprach freimütig über seine Vergangenheit. Für sein Entgegenkommen stellte er nur zwei Bedingungen: Er wolle nichts von dem Manuskript lesen, und das Buch dürfe erst nach seinem Tod erscheinen.

Solche Vorkehrungen zeugen von Vorsicht und von Gelassenheit zugleich. Es gibt aber keinen Grund zur Vermutung, daß das Resultat, wäre es Berlin doch bekannt gewesen, ihm mißfallen hätte: Ignatieffs Werk ist vorbildlich recherchiert, sein Ton zeugt von respektvoller Sympathie, ja Bewunderung. Und das ist sehr verständlich. Daß so viele Denker im zwanzigsten Jahrhundert zu den Gegnern der Freiheit zählten, wird für künftige Historiker wohl zu seinen verwir-

77

rendsten Phänomenen gehören. Um so wichtiger ist jede Erinnerung an die Ausnahmen von dieser bedrükkenden Regel.

Isaiah Berlin hatte, scheint es, fast immer Glück. Er war am richtigen Ort zu den richtigen Zeiten, kannte die richtigen Leute, blieb verschont von Schicksalsschlägen und größeren Niederlagen. Als Sohn wohlhabender jüdischer Eltern wurde er 1909 in Riga geboren. Seine frühen Erinnerungen reichten noch in die Zeit vor 1917 zurück: Er erlebte als Kind den auf die Revolution folgenden Terror, die Verhaftungen und Übergriffe der Geheimpolizei – Eindrücke, die ihn für immer davor bewahren sollten, zum Anhänger Lenins zu werden. Die Familie emigrierte nach England, wo er erstklassige Schulen besuchte, als Student in Oxford Aufsehen erregte und kurz nach dem Studium bereits ein Mitglied von All Souls wurde, dem renommiertesten der Oxforder Colleges. Er beschäftigte sich mit analytischer Philosophie – eine Fachrichtung, die er später zugunsten der Philosophiegeschichte aufgab –, lernte Freud und Virginia Woolf kennen, diskutierte mit Wittgenstein und hatte schon bald einen Ruf, der durch eigene Werke nicht ganz gedeckt schien. (In der Tat, und zu seinem großen Kummer, sollte der Vorwurf, daß er vor allem in der Konversation brillant und ein Meister bloß des gesprochenen Wortes sei, nie ganz verstummen.) Bis der Krieg ausbrach, hatte er immerhin eine Biographie von Karl Marx veröffentlicht, dessen herrischen Illiberalismus er zutiefst ablehnte. Er verließ Oxford und trat in den Dienst des britischen Außenamtes.

Sein wichtigster Einsatz führte ihn zu Kriegsbeginn als Diplomat nach Washington. Immer schon haben Philosophen, meist mit wenig Erfolg, die Nähe zur Macht gesucht; Berlin fand sie mit Leichtigkeit und zeigte sich auffallend unbeeindruckt von ihr. Regelmäßig verfaßte er Dossiers für Churchill, in denen er über die wachsende Wahrscheinlichkeit des amerikanischen Kriegseintrittes spekulierte, außerdem betätigte er sich als Verbindungsmann zwischen den gemäßigten Zionisten um seinen Freund Chaim Weizmann und der englischen Regierung: eine Position, die ihn in den vermutlich tiefsten Loyalitätskonflikt seines Lebens stürzte. Nach der Gründung Israels bot Weizmann ihm sogar einen Kabinettsposten an, doch Berlin lehnte ab; er hatte sich endgültig für England entschieden. In diesen Jahren aber war er gezwungen, das Leben des distanzierten Gelehrten, des «Zuschauers in Gottes Theater», wie Albert Einstein ihn genannt hatte, aufzugeben und die Mechanismen demokratischer Politik in allen Facetten zu studieren.

Als er unmittelbar nach Kriegsende nach Rußland geschickt wurde, hatte er wieder einmal Glück. Durch Zufall gelang es ihm, die Isolation zu durchbrechen, die Stalin den wenigen Ausländern im Staat auferlegt hatte. Er suchte Boris Pasternak und Anna Achmatowa auf und lernte durch sie die verschüttete Tradition des vorrevolutionären russischen Liberalismus kennen.

Nein, er hatte keine Affäre mit Anna Achmatowa, auch wenn ihr Gedichtzyklus *Cinque* das andeuten mag. In Wirklichkeit war es weniger und mehr: Berlin, der «Gast aus der Zukunft», wie sie ihn im *Poem ohne*

Held nennen sollte, berichtete ihr von gemeinsamen Freunden, von deren Leben im Exil sie zum erstenmal seit zwanzig Jahren erfuhr; sein plötzliches Auftauchen schlug für sie die Brücke zu einer verloren geglaubten Welt. Sie hingegen erzählte ihm von den Entbehrungen während der gerade erst zu Ende gegangenen Belagerung durch die Deutschen, vom Tod ihres Mannes, der Verhaftung ihres Sohnes, beschrieb die Verfolgungen, unter denen sie, Pasternak, Mandelstam und Babel hatten leben müssen. Im Morgengrauen verabschiedete sich Berlin; von dieser Nacht an war sein wichtigstes Anliegen der intellektuelle Kampf gegen die Sowjetdiktatur, die Verteidigung des Liberalismus Kantischer Tradition gegen alle Bedrohungen und subtilen Argumente seiner Gegner.

«Unsere Nonne», soll Stalin gerufen haben, «trifft sich also mit britischen Spionen!» Die Repressionen nahmen wieder zu, und Berlin sollte nie ganz den Verdacht loswerden, daß sein Besuch eine neue Säuberungswelle ausgelöst hatte. Auf dem langen nächtlichen Rückflug, die damals bei Kontinentalflügen vorgeschriebene Sauerstoffmaske über dem Gesicht, beschloß er, die akademische Philosophie aufzugeben und sich der Ideengeschichte zu widmen.

In den nächsten Jahrzehnten entstanden seine Monographien über Turgenjew, Tolstoj, Bakunin und Herzen, seine richtungsweisende Untersuchung über Joseph de Maistre und die Ursprünge des Faschismus, seine Studie über Vico und Herder und sein vielleicht einflußreichster Text: *Die zwei Konzepte der Freiheit.* Immer wieder verteidigte er seine wichtigste – einerseits theoretische, andererseits auch sehr persönliche – Erkenntnis, daß im Bereich moralischer Werte völlige Widerspruchsfreiheit nicht möglich sei. Mehr Freiheit mindere die Gleichheit, mehr Gleichheit mindere die Freiheit; es sei ein gefährlicher Irrglaube des achtzehnten Jahrhunderts, daß es das ideale Leben, die Auflösung der Widersprüche, die Idylle geben könne. Das menschliche Leben, so Berlin, sei von Anfang an bestimmt zur Tragik, also zur Widersprüchlichkeit und zum inneren Konflikt. Jeder Versuch, diesen aufzuheben, eine «nur negative» oder «bloß äußerliche» Freiheit zu einer «positiven» werden zu lassen und somit die Überwindung der Entfremdung, den Einklang mit Rasse und Volk, mit Geschichtsgesetzen oder der sogenannten inneren Natur des Menschen zu erreichen, führe in den Despotismus. Im Gegensatz zu seinem Mitstreiter Karl Popper, dem unerschütterlichen Anhänger der Aufklärung, setzte Berlin seine Hoffnung nicht auf die Wissenschaft, sondern auf einen skeptischen, ja melancholisch-humorvollen Liberalismus, den scharf und systematisch zu definieren er sich zwar weigerte, den er in seinen Vorträgen und Monographien aber immer wieder umkreiste und an historischen Beispielen anschaulich machte.

Bei alldem verließ sein Glück ihn nicht. An der Schwelle zum Alter begegnete er einer Frau, die ihn bis zum Ende begleiten sollte und vor der Daseinsform des gelehrten Oxforder Junggesellen bewahrte. Seine BBC-Vorträge gerieten zu überwältigenden Erfolgen, und sein Einfluß wurde so groß, daß Kennedy persönlich ihn am Vorabend der Kubakrise konsultierte. Statt sich zur Ruhe zu setzen, widmete er sich noch einmal mit ganzer Kraft der Hochschulpolitik und ermöglichte die Gründung des Wolfson-Colleges, dessen erster Rektor er wurde. Daß es ihm noch vergönnt war, den schon so lange von ihm vorausgesagten Untergang der kommunistischen Diktaturen persönlich zu erleben und zu sehen, wie der Kalte Krieg, zu dessen Notwendigkeit er sich zögernd bekannt hatte, sein Ende fand, war ein weiterer Triumph.

Michael Ignatieffs Biographie ist ein Standardwerk, das bleiben wird. Im Mittelpunkt steht Berlins Leben, nicht seine philosophische Arbeit, aber auch in den knappen Kommentaren zu ihr offenbart Ignatieff Klugheit und Kompetenz. Vor allem aber ist das Buch eine Anregung, sich mit Berlins Essays, vorbildlich zusammengestellt von Henry Hardy und zu einem großen Teil auch auf deutsch erhältlich, zu beschäftigen. Im Alter schrieb Berlin einmal mit ironischem Bedauern, daß man ihn nur noch wie «ein altes Mastodon des Liberalismus» behandle, als «letztes schwaches Echo von John Stuart Mill, mit dem man sanft umgehen muß wie mit einem harmlosen, achtbaren Relikt». Anna Achmatowa hatte ihn als Gesandten der Zukunft gesehen, er selbst war auch in dieser Frage skeptischer. Es steht zu hoffen, daß er dieses eine Mal unrecht hatte.

HOLDEN, DIE ENTEN, DIE KINDER
J.D. SALINGER: DER FÄNGER IM ROGGEN

Holden Caulfield, angewidert vom verlogenen Milieu seiner teuren Privatschule und seines Elternhauses, wird von der Schule verwiesen, zieht räsonierend durch New York, trifft eitle Frauen und wichtigtuerische Männer, forscht den vom Eis vertriebenen Enten im Central Park nach, setzt seine kleine Schwester auf ein Karussell, dessen Betrachtung ihm einen seltenen Moment völligen Einsseins mit sich selbst beschert, und hat bald darauf einen Zusammenbruch, der ihn geradewegs in die Nervenheilanstalt bringt – das ist die Handlung des bis heute wirkungsmächtigsten Romans der fünfziger Jahre. Verdankt *Der Fänger im Roggen* seine Lebendigkeit und seinen Humor auch unzähligen scharf beobachteten Details und der grandios eingefangenen Jugendsprache des Protagonisten, so entstammen seine Grundmotive einer recht abstrakten Philosophie. Unsere Kindheit, schrieb Friedrich Schiller, sei die einzige unverdorbene Natur, die wir in der Menschheit anträfen: «Kinder sind, was wir waren; sie sind, was wir wieder werden sollen.» Damit umreißt er die Weltsicht Salingers und die Sehnsucht seines verirrten jungen Helden.

Das Kind ist der Hauptdarsteller jeder Entfremdungstheorie. Wir Menschen, sowohl in der Geschichte als auch im Lebenslauf jedes Einzelnen, waren Natur, plötzlich aber sind wir Künstelei und Verstellung, alles um uns wird zur Lüge, und der Weg zurück ist versperrt. Sich damit abgefunden zu haben, mit allen Kompromissen, aller Falschheit des Lebens, das ist das Erwachsensein. Die Zeit des Übergangs, in der solch ein Kompromiß noch unmöglich scheint, ist die Adoleszenz. Gerade in ihr, so Schiller, sei es besonders schmerzhaft, Kindern zuzusehen: «Das Gefühl, von dem ich rede, ist eher demütigend als begünstigend für die Eigenliebe; und wenn ja ein Vorzug dabei in Betrachtung kommt, so ist dieser wenigstens nicht auf unserer Seite.» In einer Traumphantasie möchte Holden die physische Überlegenheit des Erwachsenen einsetzen, um Kinder vor jenem «verrückten Abgrund» zu schützen: «Also, wenn sie rennen und nicht aufpassen, wo sie hinlaufen, dann muß ich irgendwo rauskommen und sie fangen. Und das würde ich den ganzen Tag lang machen. Ich wär einfach der Fänger im Roggen und so.» In diesem Roman hat jeder Erwachsene unrecht und jedes Kind recht, und wie so oft bei Salinger, diesem mystischen Autor, der die Mystik ernst genug nahm, um das Publizieren aufzugeben, konzentriert die Weisheit der Welt sich im Geist eines kleinen Mädchens, Holdens Schwester Phoebe.

Daß die Ursprünglichkeit allein nicht unsere Befreiung sein kann, daß der Weg zur Wiedergewinnung des Naiven durch das Sentimentalische führt, daß die Erkenntnis, wie Kleist es im Traktat über das Marionettentheater erklärt, «gleichsam durch ein Unendliches» geht muß, von diesem Dilemma handeln die drei Bücher, die Salinger nach *Der Fänger im Roggen* schrieb. Die Hauptfigur der buddhistischen Erzählung *Teddy* etwa ist die Synthese zwischen Kindlichkeit und größtmöglicher Erfahrung, nämlich ein Junge, der nach Milliarden von Wiedergeburten mit seinen kleinbürgerlichen Eltern eine Ozeanüberfahrt macht und nebenher sein Wissen über den nur mehr wenige Stunden entfernten eigenen Tod preisgibt. «Ich gehe zum Schwimmbecken hinunter, und vielleicht ist überhaupt kein Wasser drin. Doch könnte es zum Beispiel geschehen, daß ich bis an den Rand trete, vielleicht nur, um auf den Grund zu schauen, und meine Schwester kommt hinter mir her und stößt mich hinein: dann könnte ich mir den Schädel brechen und würde auf der Stelle sterben. Meine Schwester ist erst sechs, und sie hat noch nicht sehr viele Leben als menschliches Wesen verbracht, und sie liebt mich nicht besonders.» In der Geschichte herrscht eine Atmosphäre eisiger Erstarrung: Wie unmenschlich scheint plötzlich die Erleuchtung, wie sicher und bequem das von Holden so verachtete entfremdete Leben. *Teddy* beschließt Salingers eigentliches Hauptwerk, den Erzählband *Neun Geschichten*, in dem er die Grundlinien eines Familienepos der Geschwister Glass umreißt, deren ältester, Seymour, einen eigentümlich heiteren Selbstmord begeht und deren zweitältester, Buddy, einen Erfolgsroman über einen voll Weltekel durch New York irrenden Jugendlichen schreibt.

Es ist wohl nicht falsch, diese angedeutete Eingliederung des *Fänger im Roggen* in den Glass-Kosmos als partielle Rücknahme zu verstehen – ebenso wie es richtig ist, in der Tatsache, daß Salinger eine Buchpublikation seiner letzten Erzählung *Hapworth 16, 1924* verweigerte, die Ablehnung nicht des Schreibens, sondern des Publizierens zu sehen. Mag seither jedes programmatische Verstummen eines Schriftstellers auch etwas Epigonales haben, so liegt der Fall bei Salinger doch anders. Das Verlogene im Dasein des souveränen, Perfektion anstrebenden Künstlers war von Anfang an ein Hauptthema von ihm; nicht umsonst graut es Holden vor Laurence Olivier, vor guten Jazzpianisten und brillanten Drehbuchautoren, also vor allem selbstbewußten Virtuosentum. «Und ich bin heute abend überzeugt», läßt er Seymour Glass zu Buddy sagen, «daß alle ‹guten› literarischen Ratschläge so sind, als wünschten Louis Bouilhet und Maxime Du Camp Flaubert die Madame Bovary auf den Hals. Jaja, diese beiden mit ihrem ausgezeichneten Geschmack haben ihn dazu gebracht, ein Meisterwerk zu schreiben. Und er starb als eine Weltberühmtheit, und das war das einzige, was er nicht war.»

Auch Salinger, der Weltberühmte, entschied sich mit Kierkegaardscher Konsequenz gegen die Spaltung zwischen Werk und Existenz und wurde einer der einflußreichsten Schriftsteller unserer Zeit – durch seine vier Bücher und, noch mehr, durch sein Schweigen danach.

Der Zwang zum Happy-End

Kurt Vonnegut: Suche Traum, biete mich

Es gibt zwei parallele Traditionsstränge der kleinen Form. Jene Elemente, die man bei uns gemeinhin mit der amerikanischen Kurzgeschichte assoziiert – offener Schluß, Lakonie, unspektakuläre Themen, meist aus dem privaten Bereich, stilisierte Bedeutsamkeit jedes Details –, gehen auf Tschechow und Kipling zurück, wurden eine Generation später von Fitzgerald und Hemingway aufgenommen und nach dem Krieg von jungen Schriftstellern des *New Yorker*, Salinger, Cheever und Updike, zur Perfektion gebracht. Ihren bislang letzten Meister fand diese Tradition in Raymond Carver, ihre vielversprechendsten jungen Vertreter in Richard Bausch und Jhumpa Lahiri. Während der Roman des zwanzigsten Jahrhunderts in seiner Wurzel experimentell ist, ist die Kurzgeschichte vielleicht die genuine realistische Gattung der Gegenwart. Kurt Vonneguts eben erschienene Geschichtensammlung *Suche Traum, biete mich* erinnert jedoch daran, daß es daneben noch eine zweite Entwicklungslinie gibt, die wir häufig übersehen.

Sie verläuft von Maupassant über Somerset Maugham (den ökonomisch erfolgreichsten Kurzgeschichtenschreiber aller Zeiten, der noch in seiner

Autobiographie heftig gegen die Tschechowsche Form polemisierte) bis zu Roald Dahl oder eben dem jungen Kurt Vonnegut, Autoren, die den boomenden Zeitschriftenmarkt der vierziger und frühen fünfziger Jahre mit abgerundeten, auf Pointen hin konstruierten Erzählungen versorgten. Immer wird im ersten Absatz eine ungewöhnliche Situation umrissen, werden im zweiten die wesentlichen Charaktere vorgestellt, wird auf den ersten zwei Seiten ein Konflikt exponiert und zuverlässig mit dem Schluß der Geschichte durch eine überraschende Wendung zu seinem Ende geführt. Die Lektüre läßt ans Fernsehen denken, weniger wegen dieses Schemas selbst als vielmehr wegen der Entschlossenheit zum Schema, der Hartnäckigkeit, mit der von diesem trotz seiner Durchschaubarkeit nicht abgewichen wird. Und wirklich war es das Fernsehen, das dem Zeitschriftenmarkt durch noch trotzigeres Beharren auf dem Konventionellen das Wasser abgrub. Kurt Vonnegut schrieb solche Erzählungen, um sich und seine Familie zu ernähren; mittlerweile ist sein Ruhm so groß, daß sie gesammelt und nachgedruckt wurden, obwohl in ihnen, wie Vonnegut ohne Koketterie im Vorwort anmerkt, «keinerlei Größe zu finden» ist.

Diese Offenheit ist entwaffnend, es bleibt einem nichts anderes übrig, als ihr zuzustimmen. Man liest das Buch nicht ungern, es ist im besten und schlechtesten Sinn unterhaltsam. Das eigentliche Wunder ist nur, daß der Autor dieser durch und durch harmlosen Geschichten wenige Jahre später Romane wie *Mutter Nacht*, *Schlachthaus 5* und *Katzenwiege* schreiben konnte.

Denn buchstäblich gar nichts deutet auf solch eine Entwicklung hin; das an mittelmäßige Debüts gern verschenkte Adjektiv ‹vielversprechend› läßt sich hier nicht einmal in der Rückschau gebrauchen. Am bedrückendsten, gerade für Bewunderer von Vonneguts hellsichtigem Zynismus, ist der Zwang zum Happy-End. Zwar deutet sich in *Eine Nacht für die Liebe* das Potential zur Beschreibung paralleler Ehehöllen an: Zwei Paare ahnen nicht, daß jedes von ihnen der Gegenstand des Neides und der unerfüllten Sehnsüchte des anderen ist, die Situation eskaliert, als die Tochter des einen mit dem Sohn des anderen ausgeht – doch dann bringt eine hastige Deus-ex-machina-Heirat der Kinder alles wieder ins Lot. Ganz ähnlich wird in *Die Kreuzfahrt der Jolly Roger* die zunächst berührende Geschichte eines einsamen Korea-Veteranen und seiner frustrierenden Begegnung mit einer Gruppe junger Leute durch eine plötzlich auftauchende, kontaktfreudige Frau ins Positive gewendet. Am ehesten an den späteren Vonnegut erinnern noch die Geschichten über den in gezähmtem Wahnsinn lebenden Mittelschulkapellmeister Helmholtz oder *Eine Schnupftabaksdose aus Bagombo*, in der ein biederer Familienvater seiner Exfrau vortäuscht, ein weit gereister Abenteurer geworden zu sein. Überraschend nur, daß gerade die Erzählung *Thanasphere*, die in ihrer Verbindung von Science-fiction und existentialistischer Spekulation für die an Vonneguts Entwicklung interessierten Leser wichtig gewesen wäre, in der deutschen Ausgabe weggelassen wurde. Auch ist die Übersetzung Harry Rowohlts zwar korrekt, aber in ihrer gewollten Flapsigkeit immer wieder lästig. Natürlich kann man «publicity hack» mit «Werbefiffi» übersetzen. Aber muß man?

Erfreulich ist allerdings, daß der Hanser Verlag sich dieses in Deutschland noch immer zu wenig bekannten zeitgenössischen Klassikers annimmt. Aber er tut es seltsam glücklos: Zuletzt brachte er den Roman *Zeitbeben* heraus, der von Vonnegut selbst als Rückschau auf das eigene Werk, als Spiel für Kenner angelegt war. Doch der Science-Fiction-Klassiker *Die Sirenen des Titan* oder der erschreckende Gefängnisroman *Hocus Pocus* sind, wie die meisten großen Romane Vonneguts, auf deutsch vergriffen. *Suche Traum, biete mich* ist eine amüsante Lektüre. Aber wer von Kurt Vonnegut nur diese Erzählungen kennt, sollte nicht glauben, etwas über ihn zu wissen. Denn daß er alles, was er hier nicht versprach, später doch halten sollte, ist ihnen beim besten Willen nicht anzumerken.

Wohin alles entschwunden ist

John Updike: Rabbit, eine Rückkehr

Vor zweiundvierzig Jahren ließ der junge John Updike zwei Romanfiguren eine Golfpartie austragen, eine Szene, die zu einem Klassiker englischsprachiger Prosa wurde. Harry Angstrom, genannt Rabbit, der in einem Anfall überbordenden Freiheitswillens seine Frau und seinen Sohn verlassen hat, tritt gegen Pastor Eccles an, der sich bemüht, den Flüchtigen zur Rückkehr zu bewegen. Was Rabbit suche, so Eccles, jene Leichtigkeit, jenes Leben ohne Verantwortung und Schwere, könne es nicht geben: «Das Christentum will keinen Regenbogen bauen. [...] Wir streben danach, Gott zu *dienen*, nicht Gott zu *sein*.» Während Rabbits Beklemmung wächst, wird das Golfspiel immer schwieriger, kein Schlag gelingt, und Rabbit vermag Eccles' geschulter Rhetorik nichts entgegenzusetzen – bis ihm plötzlich ein perfekter Drive glückt. «Der Schlag zwingt ihm den Kopf hoch, und er sieht den Ball mondblaß vor den Gewitterwolken hängen, dem schönen Schwarzblau, der Farbe seines Großvaters, die sich dicht über den östlichen Himmel zieht. Der Ball beschreibt eine Bahn, die so gerade ist wie eine Linealkante. Wunderbar getroffen. Kugel, Stern, Punkt. Er zögert, und Rabbit denkt, jetzt wird er sterben, aber das ist eine Täuschung: der Ball gewinnt aus diesem Zögern die Kraft zu einem letzten Satz, er schneidet sich durch ein letztes Stückchen Luft, fällt und wird verschluckt. ‹Das ist es!› schreit Rabbit, und er dreht sich zu Eccles um, und mit dem Lächeln, es geschafft zu haben, sagt er noch einmal: ‹Das ist es.›» Der Pastor hat das Duell verloren. Zwar gibt es die Zwänge der Gesellschaft, und Rabbit wird sich ihnen schließlich fügen; aber es gibt auch Leichtigkeit, es gibt Perfektion, es gibt Poesie und Gnade; und mag Harry Angstrom, der seinen einzigen Erfolg als Baseballspieler in der Mittelschule hatte, auch ein sexbesessener Versager sein, so liegt doch seine Größe darin, daß er nicht bereit ist, jene andere Dimension aus dem Blick zu verlieren. Was Rabbit auszeichnet, ist sein Charisma, mit anderen Worten: die merkwürdige Ungerechtigkeit in der Verteilung von Gottes Gnade.

Ja, es geht um Gott; von Anfang an war *Hasenherz* als christlich-existentialistisches Gegenbuch zu Jack Kerouacs drei Jahre zuvor erschienenem Roman *On the Road* angelegt. Man könne, erklärte Updike in einem Interview, eben nicht immer unterwegs sein, Dinge seien zu erledigen, das Leben müsse geführt werden, als Mensch sei man Teil eines Sozialvertrages und habe irgendwann wohl oder übel heimzukehren. Nach dem tragischen Tod seiner kleinen Tochter, von der alkoholisierten Mutter aus Versehen ertränkt, entscheidet sich Rabbit in einem Moment radikaler Freiheit für die Beschränkung, verläßt seine Geliebte und nimmt das Leben als Familienvater mit einer Frau, die er nicht mehr liebt, und einem Sohn, der ihm zutiefst fremd ist, wieder auf. «Die Bewegungen der Gnade», so das dem Buch vieldeutig vorangestellte Pascal-Motto, «die Härte des Herzens, die äußeren Umstände.» Mag Updike als Stilist von Proust und Nabokov, den Meistern unendlich fein komponierter Prosa, geprägt sein – in seinem Weltbild ist er es vom christlichen Existentialismus, wie seine Abhandlung über die Theologen Barth und Tillich, sein Essay über das Matthäus-Evangelium und seine häufigen Anspielungen auf Kierkegaard zeigen. «An easy humanism plagues the land», schrieb er 1969 im philosophischen Langgedicht *Midpoint*, «I choose to take an otherworldly stand.» In diesem außerweltlichen Standpunkt wurzeln seine Ironie und die spöttische, oft als Menschenverachtung interpretierte Distanz zu seinen Figuren. «We need more worlds», heißt es lakonisch in einem erst kürzlich veröffentlichten Gedicht: «This one will fail.»

Doch Harry Angstrom ist kein Heiliger. Da er die Freiheit nicht unterwegs findet, sucht er sie, wie die meisten Figuren dieses Schriftstellers, in der Sexualität. Updikes kommerzieller Erfolg seit seinem Sechziger-Jahre-Skandalbuch *Ehepaare* gründet weniger auf der Tatsache, daß er der vielleicht letzte christliche Autor von Weltrang ist, als darauf, daß kein anderer so explizit und zugleich proustisch-elegant über Sex zu schreiben vermag. Ursprünglich nicht als Roman in Fortsetzungen geplant, fügte Updike Rabbits Leben in jeder Dekade einen weiteren Band hinzu: In *Unter dem Astronautenmond* lassen sich Harry und seine Frau Janice auf eine Hippie-Kommune ein und erleben die sexuelle Befreiung der Sechziger mit, in *Bessere Verhält-*

nisse kommt Harry mitten in der Ölkrise der Siebziger durch die Toyota-Vertretung seines Schwiegervaters zu Wohlstand, in *Rabbit in Ruhe* zieht er sich aus dem Berufsleben zurück und stirbt – «die Härte des Herzens» – an einem Infarkt. Was die *Rabbit*-Tetralogie weit vor Meisterwerken wie *Der Zentaur* oder *Der Coup* zu Updikes populärstem Werk machte, war wohl nicht zuletzt die Akkuratesse, mit der er hier eine Geschichte des amerikanischen Privatlebens schrieb, und zwar gerade in der Abbildung scheinbarer Nebensachen und vergänglicher Moden – genau die sind es ja, die den Geist einer Epoche spiegeln –, so reich an Details, daß sich ihm kein zeitgenössischer Roman an die Seite stellen ließ.

In dem als große Retrospektive angelegten Erzählband *Licks of Love* kehrte Updike 2001 mit jeweils einer Erzählung an jeden Hauptschauplatz seines Werkes zurück. Statt die Sammlung als Ganzes übersetzen zu lassen, hat der deutsche Verlag nun die Novelle *Rabbit Remembered* ausgekoppelt und unter dem mißverständlichen Titel *Rabbit, eine Rückkehr* als eigenständiges Buch herausgebracht – eine nachvollziehbare, aber für deutsche Leser doch bedauerliche Entscheidung, da sie in die mit Bedacht geplante Architektur eines Gesamtwerkes eingreift.

Denn natürlich kehrt Rabbit nicht zurück. Er ist tot, und seine Hinterbliebenen erinnern sich an ihn mit gemischten Gefühlen: Annabelle, eine Tochter, die Rabbit vor vierzig Jahren mit einer Geliebten gezeugt hat, taucht unerwartet bei seiner längst neu verheirateten Witwe Janice auf. Nach dem ersten Kapitel, der

94

unterschwellig aggressiven Begegnung der beiden Frauen, konzentriert sich die Novelle auf Harrys Sohn Nelson, der seine Drogensucht überwunden und eine Laufbahn als Sozialpädagoge eingeschlagen hat: Nelson ist ein Schwächling, der nichts vom Charisma und der Magie seines Vaters besitzt und den seine Frau schon vor Jahren nach einer Affäre mit niemand anderem als Rabbit verlassen hat. Unvernünftigerweise lädt Nelson die neu gefundene Halbschwester zum Thanksgiving-Fest der Familie ein, wo es bei einem Streit über Bill Clinton und die Lewinsky-Affäre zum Eklat kommt – eine Anspielung auf das berühmte Weihnachtsessen in Joyces *Porträt des Künstlers als junger Mann*, bei welchem die Familie des Helden an dem ihr Land spaltenden Zwist um den Politiker und Ehebrecher Parnell zerbricht. Bewußt darauf Bezug nehmend, zeigt uns Updike Clintons Amerika als eine ebenso zwischen Modernität und puritanischer Moral zerrissene Nation, wie sie das Irland der vorletzten Jahrhundertwende gewesen ist.

Die Novelle endet am Silvesterabend des alten Jahrtausends: Genau um Mitternacht stecken Nelson, seine Halbschwester, seine Exfrau und ein von Depressionen geplagter Freund mit dem Auto im Stau. Als Nelson mit einem anderen Fahrer aneinandergerät, riskiert er, zum erstenmal sinnlos mutig, ihrer aller Leben und wendet so, durch einen jener ungerecht glücklichen Zufälle, in deren Herbeiführung sein Vater Meister war, noch einmal alles zum Guten: durch den Schreck finden Nelson und seine geschiedene Frau wieder zueinander. Wie zuletzt in Updikes Roman *Gott und die Wilmots* ist es ein Moment irrationaler Freiheit, der einem Leben, ja einer ganzen Familiengeschichte eine neue Richtung gibt, und für dieses eine Mal gönnt Updike seinen Figuren ein zerbrechliches Happy-End.

Rabbit, eine Rückkehr ist weniger der Abschluß eines Meisterwerks als dessen Epilog, ein bereichernder, aber nicht essentiell dazugehörender Kommentar. Updike gelingt das Kunststück, ausgerechnet durch Aussparung die eine Figur, die niemals auftritt, realer werden zu lassen als alle anderen; die Stimmung des Buches aber ist durchgängig geprägt von Abschiedsmotiven, von melancholischen Bildern des Alters und der Erlösungssehnsucht. «Ganz gleich, mit welch unbeschwerten und schuldlosen Beschäftigungen du den Tag verbracht hast: wenn du mitten in der Nacht aufwachst, liegt Schuld in der Luft, eine quälende Ahnung, daß alles eine Spur unrichtig ist.» Unrichtig wegen der Kluft zwischen metaphysischer Gnade und Mittelklassedasein, mit der Rabbit sich nie abfinden konnte und die diesmal Janice aus weiblicher Perspektive erleben und erkennen muß: «Ehe, Schwangerschaften, schweres Essen, Schönheit adieu. Das strahlende Aussehen verglommen, übrig nur noch ein schriller Funke, eine Nadel zorniger Unzufriedenheit, verloren in diesen Straßen mit den Reihenhäusern und den Aluminiummarkisen und den kleinen Vorderveranden, wo die geduldigen Bewohner in der Abendhitze schmoren und sich verwundert fragen, wohin alles entschwunden ist.»

VERSCHWITZTE INTELLEKTUELLE

TOM WOLFE: HOOKING UP
NEUIGKEITEN AUS DEM WELTDORF

Als 1999 Tom Wolfes lange erwarteter zweiter Roman
A Man in Full erschien, sah es so aus, als wäre diesem
Autor endlich gelungen, was er sein Leben lang ange-
strebt hatte: die Aufnahme in die erste Reihe der amerikanischen Literatur. Das Buch verkaufte sich exzel-
lent, es war bereits vor dem Erscheinen für den National Book Award nominiert und erhielt zunächst hym-
nische Kritiken. Endlich schien Tom Wolfe mit seinem
vehementen Eintreten für den realistischen Roman,
für das große Panorama und die Tradition von Lewis,
Dreiser und Sinclair am Ziel.

Doch dann schrieb John Updike im *New Yorker* eine
wohlüberlegte und in ihrer Sachlichkeit vernichtende
Kritik, in der es hieß, daß der Roman bloß gut ge-
machte Unterhaltung sei und kein Kunstwerk, nicht
einmal eine bescheidene Art von Kunstwerk. Darauf
folgte Norman Mailer mit gleichem Tenor in der *New
York Review of Books*, und John Irving verdammte in
einer Fernsehtalkshow den Roman vehement als
Schund. Nun war auch der National Book Award für
Wolfe verloren; einmal mehr hatte der auf dem Cover
von *Time* abgebildete, weltberühmte Schriftsteller

Grund, sich als Opfer eines verschworenen Establishments zu fühlen. Das Resultat war, nicht zum erstenmal bei Wolfe, eine ebenso brillante wie ungerechte Polemik, das Herzstück des soeben auf deutsch erschienenen Bandes *Hooking Up*.

Die Stoßrichtung nicht nur dieses Artikels wird viele deutsche Leser überraschen: Tom Wolfe wirft dem intellektuellen Amerika vor, uneigenständig, epigonal und sklavisch an Europa orientiert zu sein; immer noch werde die amerikanische Literatur (und, wie Wolfe schon in *From Bauhaus to Our House* und in *The Painted Word* ausgeführt hatte, auch Architektur und bildende Kunst) vom europäischen Formalismus und der Klassischen Moderne dominiert, immer noch bringe es Amerika nicht fertig, zu seinen eigenen Traditionen zu stehen.

Natürlich könnte man Tom Wolfe als ultrakonservativen und etwas albernen Träger weißer Anzüge abtun und sich nicht weiter um ihn scheren. Seine Stärke aber liegt darin, daß jeder, der *Hooking Up* zu lesen beginnt, genau das nicht schafft: Bei allem Unverständnis oder Ärger wird kaum einer die Lektüre vor dem Ende abbrechen. Wolfes Stil strahlt eine Vitalität, einen Humor und eine Streitlust aus, die an die der großen konservativen Polemiker des neunzehnten Jahrhunderts, Schopenhauer und de Maistre, erinnern. Wer, zustimmend oder nicht, wäre etwa imstande, folgende Zeilen über Susan Sontag ohne Vergnügen zu lesen? «Tatsächlich war auch sie bloß so eine Schreiberin, die ihr Leben damit zubrachte, sich zu Protestversammlungen aufs Podium zu schleppen, behindert durch ihren Prosastil, an dem eine bei der *Partisan Review* gültige Behinderten-Parkplakette klebte. Vielleicht war sie aufs äußerste darauf versessen, McLuhans Satz von der Empörung, die den Idioten mit Würde ausstattet, zu illustrieren, aber ansonsten war sie nur eine typische amerikanische Intellektuelle aus der Zeit nach dem Zweiten Weltkrieg.»

Ähnlich verhält es sich mit dem Novellenfragment *Hinterhalt in Fort Bragg*, dem einzigen erzählenden Text in der Sammlung. Einer Gruppe von drei Soldaten, die im Verdacht stehen, einen Homosexuellen überfallen und totgeprügelt zu haben, lauert ein Fernsehteam auf, das sie in direkter Konfrontation zu einem Geständnis zwingen will. Wie bei Wolfe nicht anders zu erwarten sind die Soldaten in ihrer Schlichtheit und mit ihren soliden moralischen Überzeugungen, ungeachtet ihrer bewiesenen Schuld, wesentlich sympathischer als die zynischen Fernsehleute. Bei aller Vorhersagbarkeit gelingt Wolfe hier, was ihm auch schon in seinen beiden großen Romanen gelungen ist: eine Geschichte so spannend und intelligent zu erzählen, daß der Leser sein Widerstreben gegen deren Tendenz völlig vergißt.

Und vieles ist ja auch durchaus diskutierenswert. Wolfes Attacke auf das naive Gerede von einem durch das Internet geformten neuen Menschheitsbewußtsein kann man sich nur anschließen, und daß der *New Yorker* die besten Köpfe Amerikas lange Zeit eben nicht unter seinen Mitarbeitern hatte, weil sie dem Herausgeber William Shawn zu unberechenbar erschienen, ist eine Tatsache, die Wolfe in den sechziger

Jahren als erster klar aussprach. Und auch seine Angriffe auf die amerikanische Gegenwartsliteratur ent-
halten eine Wahrheit, auf die man die über die amerikanische Hegemonie besorgten Europäer beruhigend
hinweisen kann: daß nämlich Mailer, Roth und Bellow Schüler europäischer Traditionen sind, ja daß
etwa John Updike Proust nähersteht als Hemingway
oder Steinbeck. Nur kommt gerade hier Wolfe wieder
einmal sein größtes Manko in die Quere: sein fast voll-
ständiger Mangel an Kunstverstand. Kaum ein anderer hat ein so feines Gespür für soziale Abstufungen,
für Statussymbole und gesellschaftliche Trends, für
die Lächerlichkeiten der Selbstdarstellung von Macht,
sei sie nun akademisch, wissenschaftlich oder politisch. Wann immer er jedoch Kunstwerke interpretiert, sind die Ergebnisse katastrophal. Keine Sekunde
lang kommt Wolfe auf den Gedanken, daß Henry
James womöglich nicht bloß darum als ein besserer
Schriftsteller als Theodore Dreiser gilt, weil eine Ver-
schwörung «verschwitzter Intellektueller» diese Ansicht verbreitet haben könnte – oder daß John Updike
A Man in Full vielleicht deswegen den Rang eines
Kunstwerks abgesprochen hatte, weil das wirklich
seine Meinung war. Wolfes Instinkt für vorgescho-
bene ästhetische Argumente läßt ihn blind dafür werden, daß es manchmal tatsächlich ästhetische Krite-
rien gibt, hinter denen keine kunstfernen Interessen
stehen. So widerfährt ihm, was vielen Ideologiekriti-
kern früher oder später geschieht: Sein polemischer
Ansatz wird selbst zur Ideologie. *Hooking Up* ist ein
Buch, das gerade die Leser mögen werden, die Wolfe

100

nicht zustimmen. Jenen aber, die ihm wirklich rück-
haltlos beipflichten würden, möchte man lieber
nicht begegnen.

Wovon wir reden, wenn wir von Autorschaft reden

Raymond Carver: Wovon wir reden, wenn wir von Liebe reden

Als Raymond Carver 1988 im Alter von nur fünfzig Jahren starb, zweifelte kaum jemand daran, daß Amerika einen seiner bedeutendsten Schriftsteller verloren hatte. Die Kombination von psychologischer Einfühlung, menschlicher Wärme und stilistischer Knappheit, zu der er gefunden hatte, wurde als der Ausweg angesehen, der die amerikanische Literatur aus der Sterilität der späten Postmoderne, aus den metafiktionalen Spielereien von John Barth und Donald Barthelme führen konnte. Während andere Autoren seiner Generation Anerkennung bekamen, wurde der tote Raymond Carver zur Legende.

Und das, wie sein erfolgreichstes Buch beweist, mit Sicherheit zu Recht. Souverän umreißt *Wovon wir reden, wenn wir von Liebe reden* Carvers erzählerisches Territorium: eine Welt von Trinkern und Versagern, von Einsamen und Verlassenen aus der unteren Mittelschicht, eingeschlossen in ihr tristes Dasein wie Edward Hoppers Figuren in seine traurigsten Gemälde. Eine Gruppe von Anglern verbringt ein Wochenende in unmittelbarer Nähe einer verwesenden Leiche, zwei Männer vergewaltigen und töten aus schierer Langeweile zwei Frauen, ein Ehepaar, dessen Sohn an seinem Geburtstag schwer verunglückt ist, wird von den ständigen Anrufen eines Bäckers belästigt, der immer heftiger die Abholung und Bezahlung der bestellten Torte fordert. Die Geschichten sind stets nur wenige Seiten lang, von beispielloser Knappheit und Lakonie, mit den offenen, eigentümlich nachklingenden Schlußsätzen, die für Carver so charakteristisch sind. Ein großes Buch also, ein Meisterwerk? Zweifellos.

Doch da ist etwas, über das man, selbst wenn man möchte, nicht einfach hinweggehen kann; und welcher Verehrer Carvers möchte es nicht? Die Gerüchte nämlich, daß Gordon Lish, Carvers Entdecker und Lektor beim Verlag Alfred A. Knopf, mehr zu dessen Werk beigetragen habe, als es selbst bei einem intensiven Lektorat üblich sei: Lishs Andeutungen (über die er sich später nicht mehr äußern wollte) wurden zunächst ignoriert, dann lautstark zurückgewiesen und schließlich, anhand der in der Bibliothek der Indiana University liegenden Originalmanuskripte, zögernd überprüft.

Das Ergebnis ist überraschend, verwirrend und ernüchternd. Lish befand sich in ständigem Kampf gegen das, was er als Carvers Neigung zu Geschwätzigkeit und Sentimentalität betrachtete: Schon in Carvers erster Geschichtensammlung *Würdest du bitte endlich still sein, bitte?* waren die Eingriffe beträchtlich; in *Wovon wir reden, wenn wir von Liebe reden* sprengten sie jedes übliche Maß. Das Buch hätte in der Manuskriptfassung des Autors mehr als die doppelte Länge, zehn der dreizehn Geschichten bekamen von Lish ein neues Ende, und gerade Carvers typische Schlußsätze dürften tatsächlich in fast allen Fällen das Produkt Gordon Lishs sein. Die Erzählung *Sag den Frauen, daß wir wegfahren* etwa wurde von Lish um vierzig Prozent gekürzt und ihr Ende – bei Carver eine langsame psychologische Vorbereitung einer Vergewaltigung – komplett neu geschrieben, so daß die Gewalt nun scheinbar unbegründet aus dem Nichts zu kommen scheint, *Mr. Coffee und Mr. Fixit* wurde gar um über siebzig Prozent gekürzt, und in *Das Bad* eliminierte Lish alle Hinweise darauf, ob das verletzte Kind seinen Unfall überlebt oder nicht.

Verdankt sich Carvers literarischer Rang also seinem Lektor? Das allein wäre ja noch nicht verwirrend; alles wäre einfach, wenn er selbst es so gesehen hätte und wir es mit einem Verhältnis ähnlich dem von Scott Fitzgerald und seinem Lektor Maxwell Perkins zu tun hätten, der nachweislich den *Großen Gatsby* erst zu dem machte, was er ist, und dafür Fitzgeralds lebenslänglicher Dankbarkeit sicher sein konnte, oder dem Brechts zu seinen zahlreichen Mitarbeitern, deren Ideen er aufnahm und bereitwillig zu seinem Eigentum machte.

Doch Carver empfand es ganz anders, er war weder dankbar noch gleichgültig gegenüber Lishs Eingriffen, er war entsetzt. Seine Briefe an Lish wurden immer beschwörender, die gemeinsame Arbeit für beide Seiten zunehmend unerträglich. Nachdem *Worüber wir reden, wenn wir von Liebe reden* erschienen war, trennten sich die Wege der beiden, und in seine späteren Sammlungen nahm Carver stillschweigend restaurierte Fassungen früherer Geschichten auf.

Und genau das macht es unmöglich, den Fall mit einem Bonmot über die unterschätzte Bedeutung guter Lektoren abzutun. Denn er zwingt Carvers Leser, ob sie es wollen oder nicht, sich zwischen den von Lish edierten und den vom Autor wiederhergestellten Fassungen zu entscheiden: Ziehen wir den menschlicheren, den weniger zynischen und ungleich ausführlicheren Autor der späteren Bücher vor oder den minimalistischen Avantgardisten, den Meister der offenen Schlüsse, dessen Lakonie zuweilen ein wenig aufgesetzt, ja maneriert wirken kann? Sicher, *Wovon wir reden, wenn wir von Liebe reden* ist dank Lishs Mitarbeit Carvers modischstes Buch geworden, daher der große Erfolg bei seinem Erscheinen, als die minimalistische Bewegung auf ihrem Höhepunkt war – und daher erweist es sich heute mit seinen kurzen Absätzen und seiner staccatohaften Diktion als das einzige Buch Carvers, das ein wenig in die Jahre gekommen scheint. Carver selbst sah sich nicht als Minimalist und wollte keiner sein, er verabscheute, wie er in dem Essay *On Writing* schrieb, alle erzählerischen Tricks. Auch diese Erklärung, mit dem heutigen Wissensstand gelesen, war vermutlich vor allem gegen den eigenen Lektor gerichtet.

Ein abschließendes Urteil über den Fall wird vielleicht nie möglich sein; mit Sicherheit aber braucht es dafür weniger die schnellen Interpretationen im Rahmen des Journalismus als die langsame Genauigkeit der Philologie. Doch wollen wir das überhaupt? Interessiert es uns? Am besten beschrieb unser Zögern, unseren Unwillen, uns überhaupt mit solchen Fragen zu beschäftigen, wohl der Schriftsteller Don DeLillo, als er Lish in einem Brief den Rat gab, um jeden Preis Stillschweigen zu bewahren: «Selbst wenn die Leute von Carver selbst wüßten, daß du der Hauptverantwortliche für seine besten Arbeiten wärst, würden sie es sofort vergessen. Es wäre zuviel zu absorbieren. Zu kompliziert. Sie würden nicht weniger von Carver halten, weil er so sehr auf einen Lektor angewiesen war, sie würden Lish verübeln, daß er das Lesen der Geschichten komplizierter macht.»

Harold Bloom war – so überraschend das klingen mag, wenn man nur seine pompösen Ranglisten, seine Abgesänge auf das Abendland und seine hysterischen Stephen-King-Verdammungen kennt – noch vor kurzem ein bedeutender Literaturwissenschaftler. Sein 1973 erschienenes Hauptwerk *Einfluß-Angst* bleibt die wohl beste Studie darüber, wie große Schriftsteller sich ungleich stärker durch die Ablehnung von Einflüssen als durch deren Annahme formen. Mit einer psychologisch-literarischen Einfühlung, die in Zeiten des *New Criticism* kaum ihresgleichen hatte, untersuchte Bloom an den Beispielen Miltons und der englischen Romantiker die feinen Regungen der Abwehr hinter der Bewunderung und die der Verehrung in der Abgrenzung.

Bereits damals hatte Bloom eine zur Parodie herausfordernde Neigung zu prätentiöser Terminologie: Da war von «Klinamen», «Tessera» und «Kenosis» die Rede, da mußte der junge Dichter ein «Ephebe» und sein drohend überväterlicher Vorgänger ein «Cherub» sein. Blooms literarische Welt ist eine tödlichen Ernstes, ohne Humor, ohne Leichtigkeit, ohne Spiel. Sie ist auf-

109

geladen mit existentieller Gefahr, das Dichterleben ist für ihn ein beständiger Kampf gegen andere Dichter, gegen Mittelmäßigkeit und Scheitern, gegen Tod, Teufel und den Untergang der Kultur. Diesen hält Bloom inzwischen für gekommen: «Heute, zu Beginn des 21. Jahrhunderts, müssen wir realistischerweise bezweifeln, ob überhaupt irgendein Schriftsteller je wieder in der Lage sein wird, Literatur hervorzubringen.»

Solcher Zweifel ist nicht nur alt, er ist der Stoff, aus dem Bestseller gemacht werden. Am vermeintlichen Ende der literarischen Kunst dreier Jahrtausende, mit dem Gestus des letzten Wissenden, schreibt Bloom seit einigen Jahren einen dickleibigen Band nach dem anderen: Von allen Eulen Minervas fliegt hier die weitsichtigste. Bloom pflegt das Image, mehr gelesen zu haben als jeder andere lebende Mensch. Und so zählt er in seinem neuen Buch *Genius* zwar nicht, wie der deutsche Untertitel behauptet, «die hundert bedeutendsten Autoren der Weltliteratur» auf (eine Titeländerung, die an Rufschädigung grenzt), aber er stellt immerhin «a mosaic of one hundred exemplary creative minds» zusammen.

Also ein Kanon. Und wieder, wie es Blooms Markenzeichen ist, in wunderlicher Terminologie. Diesmal stammt sie aus der Kabbala: «Jede meiner Zehnergruppen unter einer der zehn Sefirot ist in jeweils zwei Untergruppen aus fünf Genies aufgeteilt, die ich ‹Luster› zu nennen beschlossen habe.» Da ist etwa *Keter* die Sefirah der schöpferischen Urkraft und steht der Gruppe mit Shakespeare, Cervantes, Montaigne, Milton, Tolstoi, Lukrez, Vergil, Augustinus, Dante und

Chaucer vor, oder da ist *Chochma* die Sefirah der Weisheit mit Sokrates, Platon, Paulus und Mohamed als religiösen Vertretern und Johnson, Boswell, Goethe, Freud und, jawohl, Thomas Mann als säkularen. Wer das nicht gleich versteht, sollte Ruhe bewahren, an die surrealen Aufzählungen im Werk Jorge Luis Borges' (Sefirah *Jessod*, Luster 18) denken und sich nicht allzusehr grämen; es ist ohnehin nicht so wichtig: «Da die zehn Sefirot ein System in konstanter Bewegung sind, könnte jede meiner einhundert Figuren nicht nur von der Sefirah, unter die ich sie einreihe, sondern beinahe gleichermaßen gut durch die anderen neun Sefirot beleuchtet werden.»

Zieht man all dies Beiwerk ab, was bleibt dann? Eine Aufsatzsammlung von mäßiger Originalität. James Boswell, dieser Meister der unfreiwilligen Komik, den Macaulay «a man of the meanest and feablest intellect» nannte, ist bei Bloom ausgerechnet der Sefirah Weisheit zugeordnet und «Meister der retrospektiven Ironie», wenn auch «kein Shakespeare». Goethe ist «der letzte Weise jener alten säkularen Literatur des Westens, die man als Humanismus, Aufklärung, oder wie es sonst beliebt, bezeichnen kann». (Ist das wirklich beliebig?) Tschechow ist «der menschlichste aller Autoren» (wirklich aller?), Fernando Pessoa «kein Super-Camões, ebenso wenig wie Pessoas Campos ein Super-Whitman ist» (bitte wie?), und von Hofmannsthal sollte man nur den Chandos-Brief und einige Gedichte lesen, im übrigen war er «eine schätzenswerte Figur, aber eben kein Goethe».

Zu Einwänden fordert jeder Kanon auf, und natürlich schickt Bloom seiner Auswahl die nötigen Subjektivitätsbeteuerungen voraus. Dennoch wundert man sich, wieso Rilke vorkommt, Hölderlin aber nicht, warum es von den Lateinamerikanern ausgerechnet Alejo Carpentier geschafft hat, nicht aber García Márquez oder Neruda, oder warum als einzige im engsten Sinn zeitgenössische Autorin, wenn auch nur als «Beinahe-Genie», Iris Murdoch aufgenommen wurde: «*The Black Prince* ist und bleibt wunderbar unterhaltsam, ja fast verzaubernd, doch Murdoch stützte sich hier derart auf *Hamlet*, daß es das Buch fast zu Fall bringt. Auch *A Word Child* überlebt die Anspielungen auf *König Lear* nur knapp.» Wer so schreibt, dem geht es ums Zensurenverteilen. Die Autorität eines Klassenlehrers jedoch steht und fällt damit, daß er nichts Falsches sagt, und so ist es keine Kleinigkeit, daß *A Word Child* keinerlei Anspielungen auf *König Lear* enthält. Möglicherweise dachte Bloom an Murdochs Prospero-Roman *The Sea, the Sea;* zwar ist auch *Der Sturm* nicht *König Lear*, aber vom Standpunkt der Kabbala aus fallen so manche Gegensätze in eins.

Was also soll man mit diesem auftrumpfend umfangreichen Buch anfangen? Sicher macht es sich dekorativ im Regal aus, und vermutlich ist es ein taugliches Weihnachtsgeschenk für Leser, denen Weite und Offenheit der Kunst Unbehagen bereiten. Die Dichtung, so verspricht ihnen Bloom, ist nämlich nur scheinbar unendlich, sie hat klare Grenzen, ist bereits sicher untergegangen, und für knapp fünfzig Euro hat man sie, unterm Weihnachtsbaum oder anderswo, fest im Griff.

VORWÄRTS, DAS IST IRGENDWO

MILAN KUNDERA: JACQUES UND SEIN HERR

Eine Geschichte der verpaßten Gelegenheiten. Stellen wir uns vor, ein neuer Roman von Milan Kundera würde erscheinen. Es wäre ein Ereignis. Er würde respektvoll in den Messebeilagen besprochen; immer wieder allerdings käme die Klage, daß Kunderas neue, französische Bücher nicht mehr den Witz und Reichtum seiner tschechischen hätten. Dann aber erschiene ein tschechisches Werk von ihm zum ersten Mal auf deutsch, und keiner interessierte sich dafür.

Genau dies ist nun der Fall. Der Hanser Verlag publizierte Kunderas Bühnenfassung von Denis Diderots *Jacques, der Fatalist* mit einem alten Vor- und einem neuen Nachwort des Autors. Ein Text aus Kunderas bester Zeit: geschrieben 1968 nach dem Einmarsch der Roten Armee in Prag (welcher Kundera, die Geschichte ist legendär und dennoch wahr, bei einem Saunabesuch mit Gabriel García Márquez, Julio Cortázar und Carlos Fuentes überraschte), eine fröhlich-erotische Phantasie über Macht, Liebe und das Theater selbst, die gleichwertig neben dem *Scherz*, dem *Buch vom Lachen und Vergessen* und der Dichtersatire *Das Leben ist anderswo* stehen kann. Eigentlich hätte es eine Sensation sein müssen, den Literaturbetrieb aber kümmerte es nicht. So gut wie keine Rezension erschien, schließlich handelte es sich nicht um einen Roman, und die Werbeabteilung des Verlags hatte kein Großereignis angekündigt. Anders als es jeder noch so knappen Novelle Kunderas geschehen wäre, tauchte dieses Buch nicht auf der Bestsellerliste auf, war in den Geschäften kaum vorrätig, verschwand ohne Echo wieder vom Markt.

Was nichts daran ändert, daß wir es hier mit einem von Kunderas Hauptwerken zu tun haben. Oft genug hat er ausgeführt, welche Bedeutung er Diderots nahezu ausschließlich aus Abschweifungen bestehendem Roman, in welchem sich ein namenloser Herr und sein Knecht Jacques auf einer Reise mit unbekanntem Ziel in ein schier unendliches Gespräch verlieren, für seine eigene Ästhetik beimißt: *Jacques, der Fatalist* ist für Kundera der nicht gewählte Weg des europäischen Romans, eine Möglichkeit, der zu folgen Europas Autoren unterlassen haben, um sich statt dessen der formalen Strenge des Flaubertschen Konzepts makelloser Prosa zu fügen; er ist der letzte Nachklang der Erbschaft von Rabelais und Sterne: der Leichtigkeit, der Entscheidung gegen das Lineare und das Korsett der strengen Form. Zugleich ist er, in seiner Verkettung unzähliger Handlungsstränge und seinem Verzicht auf irgend etwas auch nur entfernt einem Plot Ähnelndes, wohl eines der am schwersten zu dramatisierenden Werke der Weltliteratur.

Kunderas Lösung ist brillant. Wer behauptet, daß man Dramen nicht lesen könne, hat unrecht, in der Regel ist die Lektüre einer mißlungenen Aufführung

114

vorzuziehen; selten aber sind Stücke in Buchform so vergnüglich. Kundera reduziert den Roman auf zwei Hauptstränge: die Geschichte der Marquise de La Pommeraye, die ihren Liebhaber in die Ehe mit einer eigens dafür engagierten Prostituierten treibt, und die parallelen Geschichten von Jacques' Betrug an seinem Freund Bigre und dem Betrug seines Herrn an dessen Freund Saint-Ouen. Diderots Realismusbrüche bildet er dabei mit all den Mitteln ab, die das Drama einem geübten Autor an die Hand gibt: mehrfach gekreuzten Dialogen, unvorhergesehenen Sprüngen der Figuren aus ihren Rollen, überraschenden Mehrfachbesetzungen, absurden Ansprachen ans Publikum. Allmählich kristallisiert sich das Hauptthema von Erotik und Betrug heraus: Jede der Figuren hat ihren besten Freund betrogen, wurde von ihrem besten Freund betrogen, erzählt Geschichten über Bekannte, die jemanden betrogen haben; in der Liebe, so die Moral von Diderots amoralischer Ancien-régime-Fabel, gibt es keine Freundschaft – und welche Freundschaft ließe sich von etwas so Nebensächlichem stören wie der Liebe! «Diderots Roman», erklärt Kundera im Vorwort, «ist ein Ausbruch unverschämter Freiheit ohne Selbstzensur, eine Explosion von Erotik ohne das Alibi von Gefühlen.»

Gefühle kommen in der modernen Fassung erst am Ende zum Zuge, wenn in einer fast Beckettschen Wendung Jacques und der Herr zu erkennen scheinen, daß sie erfundene Figuren und aufeinander angewiesen sind, daß nichts an ihnen wirklich ist und daß mit dem Fallen des Vorhangs auch ihre Geschichte zu Ende sein wird. Es sei Zeit abzugehen, sagt Jacques und bittet seinen Herrn – denn «der Herr gibt zwar die Befehle, aber Jacques sucht sie aus» –, ihn vorwärts zu führen. Vorwärts, fragt der Herr, verwirrt von diesem großen Dilemma der Kunst, wo sei denn das eigentlich? «Ich werde Ihnen ein großes Geheimnis verraten», antwortet Jacques. «Einen uralten Trick der Menschheit. Vorwärts, das ist irgendwo.» Enthusiastisch gehen sie ab. Und zwar, so die Regieanweisung, schräg nach hinten.

Wie gerne würde man dies auf einer Bühne sehen. Eine Geschichte der verpaßten Gelegenheiten auch hier: Wie Europas Romanciers an Diderot, wie der Literaturbetrieb an Kunderas Buch, so gehen auch die deutschsprachigen Theater an der Möglichkeit vorbei, dieses Stück aufzuführen. Von ihren Autoren erwarten sie Inszenierungsvorlagen und nicht Dramen, sie brauchen Schriftsteller, die bescheiden verschwinden und dem Regisseur Rampenlicht und Applaus überlassen. Unser Bühnenbetrieb kommt gut ohne Autoren aus; schon gar keine Verwendung hätte er für ein Stück, das zugleich so modern und so wohlgefügt, so durch und durch komponiert ist wie *Jacques und sein Herr*. Werden wir also nicht übermütig. Seien wir froh, daß wir es lesen können.

Man könnte Georg Kreisler einen der bedeutendsten Kabarettisten des zwanzigsten Jahrhunderts oder auch den besten lebenden deutschen Lyriker nennen, aber beides würde ihm nicht gerecht. Kreisler ist nicht in erster Linie Lyriker, und er ist, obgleich sich nach Wedekind, Ringelnatz und Walter Mehring kein anderer Literat seines Ranges mit dem Kabarett eingelassen hat, nicht im eigentlichen Sinn Kabarettist. Richtiger wäre wohl der Titel Satiriker, doch seit sogar Redakteure Stefan Raabs sich diesen zulegen, ist auch damit wenig gesagt. Kreisler gehört nicht in ihre Welt, sondern als vorerst letzter Name in die kurze Liste der sehr ernsten Spötter Juvenal, Swift, Voltaire und Karl Kraus.

Ein Lyriker ist Kreisler vor allem am Klavier; seine Gedichte bedürfen der hinterlistig konventionellen musikalischen Begleitung, bedürfen des Vortrags durch ihren Autor selbst. Kreisler ist ein Mann des Wortes, aber seine Worte verlangen nach der ironischen Melancholie seiner Musik: Nur wer Kreisler hört, kann ihn wirklich verstehen, nur wer seine Aufnahmen kennt, ist in der Lage, ihn als Schriftsteller zu würdigen. Auch aus diesem Grund wird er den Büchner-Preis, den er mehr als irgendeiner verdient hätte, wohl niemals bekommen.

Georg Kreisler wurde 1922 als Sohn eines Wiener Rechtsanwaltes geboren. Als er sechzehn war, wanderte die jüdische Familie nach Amerika aus, 1942 wurde er zur Armee eingezogen, bis heute ist er amerikanischer Bürger. Gleich nach dem Krieg trug er in einem New Yorker Nachtclub eigene Chansons vor. Vier Jahre später ging er zurück nach Wien, wo er wieder in die deutsche Sprache wechselte und sich dem Ensemble um Qualtinger, Merz und Bronner anschloß. Bald schied er im Unfrieden wieder aus, aus politischen wie persönlichen Gründen, die für Außenstehende kaum mehr rekonstruierbar sind – zu vielfältig sind die Versionen, deren jede nur die Wahrheit ausspricht, daß eine Zusammenarbeit der begabtesten Individualisten nicht auf Dauer funktionieren kann. Der Ruhm stellte sich mit seinen bis heute bekanntesten makabren Balladen ein, in denen er im Stil des großen Tom Lehrer, bei dem er sich zeitweise mehr als freimütig bediente, in heiterem Ton von Frauen- und Tiermördern, bizarren Unfällen und überraschenden Verbrechen sang. Das Publikum bekam nicht genug davon, ihm selbst wurde es bald langweilig.

Im Jahr 1963 wurde Kreislers neue Platte *Lieder zum Fürchten* wohl als eine Fortführung dessen gehört, was man von ihm kannte. Aus heutiger Sicht betrachtet, bildet sie jedoch den Übergang zu einer neuen Phase seines Werkes. Einerseits ist in *Als der Zirkus in Flammen stand* und *Wiegenlied* das Makabre zu einer kaum mehr

118

zu steigernden Intensität getrieben, andererseits schlägt *Dreh das Fernsehen ab*, eines von Kreislers besten Liedern, einen ganz neuen, surrealen Ton an. An die Stelle der drastischen, letztlich aber harmlosen Brutalität des Taubenvergiftens trat plötzlich etwas metaphysisch Bedrohliches:

«Dreh das Fernsehen ab, Mutter, es zieht!
Auf den Feldern reift das gestrige Gemüse.
Die Antennen wachsen langsam durch die Wiese.
Wer noch jung ist, wird schon jede Woche zäher.
Und die Tränenlieferanten kommen näher.»

In den späten sechziger und frühen siebziger Jahren erschienen dann Kreislers wichtigste Platten, mit denen er auch Tom Lehrer künstlerisch weit hinter sich ließ. In *Der Tod, das muß ein Wiener sein* untergrub er gnadenlos die Ideologie des selbstverliebten Wienertums. Das Klischee, daß gerade jene, die Wien schmähen, die Stadt im Grunde am tiefsten und wahrhaftigsten lieben, wird hier überzeugend widerlegt: Kreisler liebt diese Stadt nicht; seine Lyrik ist nicht zwiespältig, sondern in der Schärfe seiner Abneigung von einzigartiger Entschiedenheit. Wer würde gegenüber Tiraden von Thomas Bernhard nicht die Lakonie folgender Zeilen vorziehen:

«Leckts mich am Oasch mit Parlament und Fahne
    rotweißrot,
I brauch ka Freiheit, weil bis die gibt, bin i eh
    schon tot.

I brauch kan Fremdenführer in der Kapuziner-
gruft.
I weiß nur eins: I krieg ka Luft.»

Mit den Platten *Allein wie eine Mutterseele* und *Purzel-
bäume* wurde Kreislers Ton noch dunkler und poe-
tischer, und mit den *Nichtarischen Arien* schuf er eine
burleske Hommage an die vernichtete Welt des europäischen Judentums. Obwohl das Schlimmste nicht
ausgesprochen wird, handeln sogar die lustigsten der
Arien – und manche sind sehr lustig – von Menschen,
die es nicht mehr gibt, von einem Humor, dessen
Quelle versiegt ist. So wird die Figur einer verrückten
Tante mit den Zeilen eingeführt:

«Sie hat a Nichte, die lebt in Australien
Und einen Neffen, das ist ein Pilot
Und einen Bruder in Nordrhein-Westfalien
Aber sie glaubt, die sind schon tot.»

Das Lächeln des Hörers, von solch limerickhaften Ver-
sen ganz von selbst hervorgerufen, gefriert, sobald die
übernächste Strophe dieses Motiv zur gleichen Melo-
die wieder aufnimmt:

«Sie hat a Tochter in Bohrbeck bei Essen
Und einen Sohn irgendwo knapp daneben
Und eine Schwester in Marburg in Hessen
Aber sie glaubt, die sind am Leben.»

Auschwitz ist in diesen Liedern so gegenwärtig wie in den Gedichten Paul Celans, auch sie sind eine Antwort auf die alte Frage, wie sich danach und darüber noch schreiben läßt. «Bayern, Hessen, Schleswig-Holstein», lautete Kreislers grimmige, vom Deutschen Bundestag in der Hymnendebatte wohlweislich ignorierte Austextierung der bekanntesten Haydn-Melodie, «Bockwurst, Bier und Brüder Grimm, / Mandelbaum und Kohn und Goldstein / schlummern tief in Oswiecim». Für jene Hörer, denen das letzte Wort bloß ein polnischer Ortsname ist, mag das komisch sein. Spätestens aber, wenn der eine oder andere ein Lexikon aufschlägt, wird ihm das Lachen vergehen.

Diese Zeilen stammen von Kreislers politischster Platte, den *Vorletzten Liedern*, die er aufnahm, als die deutschen Liedermacher reüssierten – und wieder einmal war er nicht nur virtuoser als die Kollegen, sondern auch in solchem Maße radikaler, daß man heute so wenig wie damals zu sagen vermag, wie ernst es ihm mit seiner Ironie ist, wie ironisch sein Ernst verstanden werden muß. Bei Kreisler ist es kein Student und auch kein Arbeiter, der zur Revolution auffordert, sondern ein altgedienter Oberkellner:

«Ich servier jetzt schon so lang, daß ich's kaum
     glaube,
Kaffee und Torte, Braten, Weine, Biere
den Gästen im Hotel zur Goldenen Traube
[...]
Mir geht's nicht schlecht, ich bin nur ungeduldig.»

Dann steigert der Kellner sich in ein Delirium des Hasses, einen poetischen Traum von Amoklauf und Mord, der zu trügerisch sanfter Musik all das ausspricht, was Degenhardt, Biermann und Wader wohl augenzwinkernd angedeutet, aber niemals zur Sprache gebracht hätten, um ihre Plattenverträge nicht zu gefährden. Noch immer sind, und das ist wenig erstaunlich, die *Vorletzten Lieder* auf kaum einem Radiosender zu hören.

Heute lebt Kreisler in Basel, wo er Theaterstücke, Opern und Romane schreibt. Daß er auch ein Prosaschriftsteller von Rang ist, beweist sein Buch *Lola und das Blaue vom Himmel*, in dem er Erinnerungen an seine Zeit in Amerika und das Wien des Anschlusses einen bitteren Bericht über die rechtliche Kontroverse mit seiner geschiedenen Frau Topsy Küppers um die Urheberschaft des Stückes *Lola Blau* an die Seite stellt. Nicht alles davon liest man gerne: Kreisler ist zu jung geblieben, um milde geworden zu sein; sein Haß, auch und gerade auf Personen, die ihm einst nahestanden, ist frisch wie am ersten Tag. Vom literarischen Gesichtspunkt aus beeindruckt am stärksten das letzte Kapitel, in dem er eine Meditation über Heimatlosigkeit mit einer Liebeserklärung an seine Frau Barbara Peters verbindet.

In diesen Erinnerungen wie in den besten seiner Lieder schafft es Kreisler, etwas von der ursprünglichen Absurdität des Lebens in Kunst zu fassen. Sein Zorn und seine Melancholie gelten weniger diesem oder jenem Zustand als der Welt selbst; weniger einer bestimmten Person als der tief mißratenen Schöpfung.

«Ich singe Lieder in die blauwattierte Ferne», heißt es in seinem persönlichsten Chanson, das nicht zufällig am Ende von *Lola Blau* zum Vortrag kommt. «Ich hänge Klagen an die pausenlose Zeit. / So hebt ein jeder seine winzige Laterne, / und ich lerne: Nur das Lied bleibt und die Hoffnungslosigkeit.» Pessimistisch? Das ist ein zu schwacher Ausdruck. Trotzdem, man muß genau hinhören. Denn es bleibt, heißt es da, eben nicht nur die Hoffnungslosigkeit, es bleibt auch das Lied. Und jeder, der Georg Kreislers Werk kennt, wird zustimmen.

Unter amerikanischen Autoren der zwanziger Jahre war viel davon die Rede, daß man sich nicht an Hollywood verkaufen dürfe. «Selling out to the movies» war eine realistische Versuchung für jeden Schriftsteller, der einigen Erfolg gehabt hatte: Faulkner, Fitzgerald und Odetz ergaben sich als Drehbuchschreiber in Kalifornien dem Alkohol, selbst Hemingway entkam dem nur knapp. Jede Begabung schien bedroht, vom Geld und Glamour des Filmgeschäfts aufgesogen zu werden.

Auf den deutschen Autor der Gegenwart, das kann man getrost behaupten, lauert diese Gefahr nicht. Hollywood verzichtet großmütig darauf, ihn in Versuchung zu führen; die Glitzerwelt des Films hat es auf seine Seele nicht abgesehen. Auf ihn lauert die prosaischere Verführung des Funktionärsdaseins: Von allen Seiten schlägt ihm die Nettigkeit eines Betriebs entgegen, der ihn am liebsten ununterbrochen in Jurys sähe, auf Autorentreffen, bei Lesefestivals und Rundfunkdiskussionen, als Vortragenden in städtischen Bibliotheken. Das Zerstörerische dieses Daseins liegt nicht bloß darin, daß es einen vom Schreibtisch fernhält, sondern, subtiler noch, daß sich ganz von selbst

125

das unter solchen Bedingungen Geschriebene auf einen Ton vorsichtigen Mittelmaßes stimmt, auf ein abgesichertes, vortragssaalkompatibles Niveau, da man schon von vorneherein weiß, was einem die Zustimmung des professionellen Publikums eintragen wird, und folglich lieber keine Risiken eingeht. Ein Autor, der wissen möchte, wie man dieser Gefahr entgeht, sollte die Tagebücher seines Kollegen Helmut Krausser lesen. Es gibt zur Zeit kein besseres Dokument darüber, was es heißt, am Ende des zweiten und zu Beginn des dritten Jahrtausends deutscher Schriftsteller zu sein.

«Der Mai begann fürchterlich.» Mit diesem Satz nahm am 1. Mai 1992 das Großunternehmen seinen Anfang. Zwölf Jahre lang wollte Helmut Krausser jeweils einen Monat Tagebuch führen: Dem Mai 1992 würde also der Juni 1993 folgen und so fort. Die ersten Reaktionen waren verständnislos. Warum gerade der Mai '92, fragte ein Rezensent, da sei doch gar nichts passiert, andere zuckten verwirrt die Achseln: Wer beginne denn noch Projekte, die auf ein Dutzend Jahre angelegt seien? In einer literarischen Welt, die Bücher kaum noch anders denn als Tagesereignisse wahrnehmen konnte, mußte Kraussers Absicht sehr fremdartig erscheinen – und vor allem wie etwas, das verurteilt sein würde, Fragment zu bleiben.

Mit dem April 2004 aber kam das Unternehmen zum Abschluß. Die Wette ist gewonnen: Krausser lebt noch und ist wohlauf, weder der Verlag noch das Publikum, noch er selbst haben unterwegs das Interesse verloren – trotz des schlechten Vorzeichens am Anfang. «Der Mai begann fürchterlich.» Eine Amsel fliegt gegen Kraussers frischgeputzte Fensterscheibe und verendet, fürwahr ein übles Omen, qualvoll. Der durch das Unglücksfenster schaut, hat gerade den Obdachlosenroman *Fette Welt* veröffentlicht und ist in der Schlußphase des historischen Epos *Melodien*. Der Ton seiner täglichen Notate, noch deutlich geschult an den Vorbildern Ernst Jüngers und Bertolt Brechts, ist geprägt vom klaren Selbstbewußtsein jemandes, der weiß, daß er gerade ein wichtiges Buch beendet. Ein Jahr später ist *Melodien* erschienen und einerseits sehr erfolgreich, andererseits weit weniger, als es diesem Roman gebührt hätte: Noch reagiert der deutsche Journalismus auf dezidiert narrative Texte erschrocken und unmutig (und es ist nicht zuletzt Kraussers Verdienst, daß sich das inzwischen geändert hat). Krausser fährt als Favorit zum Bachmann-Wettbewerb nach Klagenfurt, erlebt das Konkurrenzklima unter den Autoren, die Machtspiele der Jury, die Übermacht des Geredes über die Kunst und verliert zugleich den Wettbewerb wie auch seine letzten Illusionen.

Nichts Besseres hätte ihm passieren können. Im nun entstandenen Spannungsfeld zwischen Rückzug und Anteilnahme reichen Kraussers Tagebücher an die größten der Gattung heran. Wie jene von Pepys und den Goncourts leisten sie zweierlei: Sie legen Zeugnis ab über Gesellschaft und Politik eines Zeitabschnitts, zugleich formen sie ein trotz aller Stilisierung kompromißloses Selbstporträt. Nach dem Klagenfurt-Auftritt verweigert sich Krausser konsequent dem Fernsehen und gibt kaum noch Interviews. Mögen die Medien einen Autor heute dazu drängen, ein verfälschtes und verkitschtes Bild seiner Person neben das eigene Werk zu stellen, so dreht Krausser den Spieß um: Er macht die Herausstellung seines Ichs, seiner Wünsche und Traurigkeiten, seiner Eitelkeit, seines Größenwahns, seiner Augenblicke der Inspiration und Lethargie, zum zentralen Bestandteil des literarischen Werks.

Größenwahn? Ein Vorwurf, den Krausser sich oft anhören mußte. Tatsächlich, er macht sich nicht kleiner, als er zu sein meint; er unterläßt die vom Literaturbetrieb verordneten Bescheidenheitsgesten. Wen das stört, der hat nicht verstanden, daß ein solches Tagebuchunternehmen ohne Ehrlichkeit nicht funktioniert – nicht jener journalistischen Ehrlichkeit, die jedes Ereignis wiedergibt und kein Detail verschweigt, sondern der literarischen, die es sich versagt, das Selbstbild ins höflich Nette zu verfälschen: Kein Schriftsteller hält die eigene Arbeit für durchschnittlich; wer es dennoch behauptet, lügt; und Krausser lügt nicht. Der Leser wird Zeuge seiner Ausfälle ebenso wie seiner Selbstzweifel, seiner Freude über Erfolge wie auch seines Ärgers etwa über eine Theaterwelt, die sich zu großen Teilen hartnäckig weigert, den Autor eines der meistgespielten deutschen Stücke der letzten dreißig Jahre (*Lederfresse* bringt es mittlerweile auf 270 Inszenierungen weltweit) auch auf deutschen Subventionsbühnen aufzuführen.

Doch Krausser hat früh verstanden, daß auch Abgrenzung eine Form der Neurose werden kann, daß das Einsiedlerleben eine für die Wahrnehmung der

128

Welt nicht geringere Gefahr als das Funktionärstum darstellt. Vor dieser Gefahr jedoch bewahrt ihn seine Neugier.

Krausser nimmt so ziemlich jeden anlaufenden Kinofilm zur Kenntnis, er wartet gespannt auf literarische Neuerscheinungen, Erkenntnisse zur antiken Numismatik sind ihm ebenso wichtig wie die jeweils nächste PC-Version von *Half Life*, und die Tagebücher dokumentieren sein fortlaufendes Gespräch mit Freunden und Kollegen. Seite für Seite sind sie durchzogen von einer Offenheit und Begeisterungsfähigkeit, die von keiner Enttäuschung und keiner Künstleregozentrik abgestumpft werden können: Der erste Besuch von *Lost Highway* stachelt ihn zu hymnischer Prosa an, seine Freude über Bücher von Thomas Hettche oder Jonathan Franzen ist schlechthin entwaffnend. Daß Theaterkritiker überhaupt nichts verstünden, überlegt er am 1. Oktober '97, rühre vielleicht daher, daß sie in Theatern hockten, während anständige Leute fernsähen. Das ist mehr als ein guter Witz: Krausser, Experte für das antike Rom und Autor des besten Romans über Renaissancemagie, fühlt sich ebensowenig wie sein Antipode Rainald Goetz erhaben über die populäre Kultur; er weiß, daß eine innovative Serie wie *Babylon 5* vielem vom Kulturbetrieb Hochgehaltenen überlegen ist und Gewichtigeres über unsere Welt aussagt als die meisten deutschen Spielpläne.

Das Tagebuch an sich ist eine monologische Gattung. Mit einem Kunstgriff, der weit mehr ist als das, weiß Krausser diese Einschränkung zu umgehen: Seine Frau Beatrice wird zum ständigen Gesprächs-

129

partner, zum Gegenpart, zu einer zweiten Stimme, deren Humor und Widerspruchsgeist ihre Wirkung auf den Leser nie verfehlen. Er verlasse sie jetzt, sagt ihr Krausser einmal im Scherz, worauf Beatrice antwortet: «Ich komm mit. Verlassen wir mich gemeinsam.» Von solchen Sätzen kann man schwer genug bekommen, und bald schon ist man süchtig nach Beatrices vom Pathos des Autors stets so herrlich unbeeindruckten Kommentaren. Natürlich aber ist es ebendieser Autor selbst, der ihre Kommentare eingebaut, durch sein Arrangement zu Literatur geformt und mit ihnen sein eigenes Pathos gebrochen hat. So sind die Tagebücher auch, formal wie inhaltlich, das Hohelied auf eine gerade in ihrer Offenheit symbiotische Zweierbeziehung.

Zunehmend weicht mit den Jahren die Aggression und macht in Stil und Tonfall einer heiteren Gelassenheit Platz. Kraussers vielleicht vollkommenster Tagebuchmonat ist der November 1998. Hier trifft alles zusammen: Der von ihm bewunderte Film *Lola rennt* hat in Italien Premiere, das Ehepaar spaziert durch Rom, wieder einmal erweist sich Krausser als Virtuose der Absage («Da haben aber etliche zugesagt, die sind mindestens so berühmt wie du!» – «Na also, dann brauchst du mich gar nicht») und hängt Überlegungen zur Natur der Zeit nach, die später in den Roman *UC* einfließen werden. Philosophie und Fernsehen also, Antike und Kino, dazwischen immer wieder die Frage, wer Helmut Krausser eigentlich ist: «Ich bin ungerecht, jähzornig, eitel, unduldsam, selbstbezogen, arrogant, nachtragend, vorlaut, sicherheitsbedürftig, besserwisserisch, zu wenig hilfsbereit, intolerant und leicht verletzbar – und unternehme nichts dagegen, weil es sich um Eigenschaften handelt, die allesamt der Kunst förderlich sind. Mein Ich ist ein Projekt, kein Mensch.»

Ein Projekt, dessen Facetten die Tagebücher zu einem vielfältigen Porträt arrangieren. Über die Vorlieben der Zukunft zu spekulieren ist immer schwierig; diese Diarien aber werden gelesen werden, solange Menschen sich für deutsche Literatur interessieren. Lohnend wäre es allerdings zu wissen, wie man sie später kommentieren wird. Aus heutiger Sicht mag es aussehen, als lebten wir in den Jahren der hochgelobten Achtzigseitendebüts, der feuilletonistischen Müdigkeit, des Jelinek-Nobelpreises und der subventionierten Theaterlangeweile. In der Rückschau aber könnte es sich erweisen, daß es vielmehr die Zeit von *Melodien*, *Thanatos* und *UC* gewesen sein wird, die Zeit von *Haltestelle*, *Geister* und eines hochreflektierten, in zwölf Bänden festgehaltenen Künstlerlebens. Mit anderen Worten, die Zeit Helmut Kraussers.

Daß der Roman als künstlerische Gattung ersten Ranges gilt, ist nicht selbstverständlich. Noch vor zwei-
hundert Jahren wäre kaum jemand auf die Idee gekommen, ihn gleichwertig neben Lyrik und Drama zu
stellen. In dem Aufsatz *Über naive und sentimentalische
Dichtung* bestreitet Friedrich Schiller, daß der Romancier, jener «Halbbruder» des Dichters, der «die Erde
noch so sehr berührt», für die literarische Ästhetik
überhaupt von Interesse sein könne, denn «was dem
Dichter verstattet ist, kann für den, der es nicht ist,
nichts beweisen». Das ist nicht polemisch gemeint:
Schiller spricht aus der Communis Opinio einer Zeit,
in der man die Gattung des Romans als eine unreine
ansah, als bloße Unterhaltung von geringem Wert, als
lose komponierte Ansammlung von Geschichten, Be-
trachtungen, Meinungen und allem, was dem Verfasser gerade durch den Kopf gegangen sein mochte.
Wenn wir uns heute über die in *Wilhelm Meisters Lehr-
jahre* eingeflochtenen «Bekenntnisse einer schönen
Seele» wundern, deren Zusammenhang mit der
Haupthandlung kaum auszumachen ist, oder über die
Ausführungen zum Thema Gartenkunst in den *Wahl-
verwandtschaften*, wenn es uns befremdet, daß Jean
Paul neue Figuren und Nebenhandlungen einführt,

wann immer ihm danach ist, und diese ebenso plötzlich wieder aus dem Erzählgang eliminiert, wenn es uns überrascht, daß Voltaires *Candide* seine Reise trotz höchster Not in Venedig unterbricht, um sich von dem Adeligen Pococuranté wortreich und pointiert die literarischen Ansichten ihres gemeinsamen Autors vortragen zu lassen, so müssen wir uns vergegenwärtigen, daß der Roman eben keine strenge Form hatte, daß in ihm alles erlaubt war und seine Autoren sich Freiheiten nehmen konnten, welche Drama, Gedicht oder Versepos – die damals renommierteste Gattung – ihnen nie gewährt hätten.

Die Wende brachte das Jahr 1857 und die Geschichte einer verträumten, von einfältigen Liebesromanen betörten Arztfrau und Ehebrecherin aus der französischen Provinz. Gustave Flaubert hatte unternommen, was kein Schriftsteller je gewagt, ja auch nur versucht hatte: den Roman in einer singulären Kraftanstrengung durchzukomponieren, jeder einzelnen Zeile den gleichen Aufwand an Arbeit zu widmen wie dem Vers eines Gedichts. Seit 1605, als Cervantes einen von Ritterepen verwirrten Hidalgo in den Kampf gegen Windmühlen geschickt hatte, war das Erscheinen von *Madame Bovary* das wichtigste Ereignis der Romangeschichte. Nun erst war der Romancier nicht mehr der Halb-, sondern der vollwertige Bruder des Dichters; nun erst konnte der Roman die Nachfolge des sang- und klanglos verschiedenen Versepos antreten, und *Paradise Lost, Der Messias, La Henriade* und *La Gerusalemme liberata* versanken in einer Vergessenheit, aus der sie bis heute nicht mehr hervorgetreten sind.

So manches ging dabei verloren. Etwa die für das achtzehnte Jahrhundert typische Technik der großen Abschweifung: Sternes und Diderots geniales Prinzip, eine Erzählung durch permanente Einschübe zu unterbrechen, bis sich das scheinbar Nebensächliche als ihr tatsächlicher Inhalt offenbart. Vieles an Leichtigkeit und Verspieltheit verschwand hinter der formalen Strenge und minutiösen Beschreibungstechnik, die bei Proust und Joyce auf sehr unterschiedliche Weisen zur Perfektion kommen sollten; nie wieder fand der Roman zu solchen Höhen ausufernder Komik wie bei Sterne und Rabelais, zu solcher satirischen Schärfe wie bei Swift und Voltaire, zu einer solch zweckfreien Verschlungenheit wie bei Jean Paul. Mit Flaubert setzte sich das bis heute bestimmende Stilideal der modernen Erzählprosa durch, die *impeccabilité,* die Makellosigkeit: das Ideal eines Textes, in welchem kein Wort verändert werden könnte, ohne das Werk in seiner Gesamtheit zu beschädigen. Daß so etwas Rabelais, Cervantes oder Jean Paul nie eingefallen wäre, ist für unzählige Schwächen in ihren Büchern ebenso verantwortlich wie für deren größte Stärken und unverwüstliche Robustheit. An die Stelle der um ihrer selbst willen aufgehäuften Fülle trat nun die Komposition.

In seinem Essay *Der Erzähler* nennt Walter Benjamin es das wesentliche Merkmal des modernen Romans, daß dieser, im Unterschied zum Epos, nicht an jeder beliebigen Stelle fortzuführen sei. Jeder Held der *Ilias* könnte noch unzählige Abenteuer nach der Schlacht erleben, und einer, der berühmteste, tut es ja auch.

Don Quixote und Sancho Pansa könnten leicht in einige Katastrophen mehr oder weniger geraten, ohne daß es einen Unterschied machen würde, und tatsächlich fügte Cervantes wegen des großen Erfolges einen zweiten Teil an, ohne dadurch die Substanz des Werkes zu schmälern. In den Geschichten über Emma Bovary, Anna Karenina oder Effi Briest wäre dies kaum denkbar: Es gehört unserem Empfinden nach unabtrennbar zu ihrem Wesen, daß dies und nichts anderes in ebendieser Folge diesen und keinen anderen Figuren passiert, und wenn die Geschichte zu Ende ist, ist sie auch wirklich zu Ende, und eine Fortsetzung wäre sinnlos. Im modernen Roman tritt der Stoff zugunsten seiner Darstellungsform, der Inhalt zugunsten der ihn bestimmenden Struktur zurück; statt der Gefahr des Überbordens droht nun die einer überfeinerten Leblosigkeit, wie man sie etwa bei Henry James oder Thomas Mann zuweilen empfindet. Umgekehrt hinterlassen Versuche, zum vorflaubertschen Schelmenroman zurückzukehren, wie sie Saul Bellow, Joseph Heller und Thomas Pynchon mit unterschiedlichem Erfolg unternommen haben, häufig einen Eindruck von Unausgewogenheit, ja Kunstlosigkeit.

So betrachtet wird Nabokovs berühmter Satz verständlich, daß der Roman das bisher letzte Stadium seines Fortschritts im Werk Flauberts erreicht habe und noch keinen Schritt darüber hinausgekommen sei. Tatsächlich sind die allermeisten der großen Romane, die im zwanzigsten Jahrhundert entstanden sind, immer neue Annäherungen an das Ideal der stilistischen *impeccabilité* und der perfekten Komposition.

Gerade in den experimentelleren Ausprägungen geht das so weit, daß Figuren und Handlung völlig hinter Sprache, Stil und Struktur zurücktreten und der Schöpfer dieses ganzen Spiels sich als sein eigentlicher Held erweist. Auf die beliebte Frage, mit welcher Figur ein Leser sich denn identifizieren solle, antwortete Nabokov: mit keiner Figur, sondern mit dem Schriftsteller. Man könnte die Essenz der sogenannten Klassischen Moderne nicht besser formulieren. Während der vorflaubertsche Autor ein räsonnierender und kommentierender, den Leser von der Seite anredender, dem Geschehen mit manchmal mehr und manchmal weniger Aufmerksamkeit folgender Begleiter war, ist sein Nachfolger ein unerreichbares, alle Handlungsfäden kontrollierendes Wesen, das sich nicht auffinden läßt und sich nie äußert, obwohl nichts geschieht, das nicht in seiner Macht und Absicht läge, mit anderen Worten: Gott. «Der Künstler», läßt Joyce sein Alter ego Stephen Dedalus erklären, «wie der Gott der Schöpfung, bleibt in oder hinter oder jenseits oder über dem Werk seiner Hände, unsichtbar, aus der Existenz hinaussublimiert, gleichgültig, und manikürt sich die Fingernägel.» Weder Rabelais noch Swift, noch Goethe hätten diese Haltung geteilt oder auch nur begriffen. Zwar haben manche Schriftsteller der sogenannten Postmoderne es mit vielfacher ironischer Brechung wieder gewagt, sich in ihr eigenes Erzählen kommentierend und relativierend einzumischen; doch auch sie kreieren im Grunde nur einen weiteren, diesmal als Autor maskierten Charakter und sind in der hochraffinierten Bewußtheit solcher

Effekte weiter denn je von der ungebrochenen Direktheit entfernt, mit der die Schriftsteller des achtzehnten Jahrhunderts dem Leser dreinreden konnten, wann immer sie gerade Lust dazu hatten.

Es ist oft festgestellt worden, manchmal lobend und häufig abfällig, daß der Roman eine Ausdrucksform der bürgerlichen Gesellschaft und des Privaten sei. Anders als das Versepos, das es mit Heldentaten zu tun hatte, anders als das Gedicht, das von der Befindlichkeit eines vereinzelten Ichs sprach, anders als das traditionell mit Königen und Staatsaktionen befaßte Drama erzählte der moderne Roman von Anfang an von Intrigen und persönlichen Affären, von Familiengründungen und Familienzerwürfnissen und, im Fall des Entwicklungsromans, vom Weg eines bürgerlichen Helden aus dem Chaos seiner Jugend in die Ordnung und den Wohlstand eines gesellschaftstauglichen Citoyendaseins. Auch ist es kein Zufall, daß der Ehebruch – ob nun Emmas, Annas oder Effis – ein so bestimmendes Romanthema des neunzehnten Jahrhunderts war, während er auf den Bühnen eine geringere Rolle spielte. Der Roman ist das private Medium, das Medium des Privaten, und selbst dort, wo etwa Tolstoi in *Krieg und Frieden* Zeitgeschichte und große Politik darstellt, spiegelt er diese in den wechselnden Verhältnissen von vier Familien und verleiht dem Roman dadurch, wie auch durch die systematische Attacke auf die noch dem Epos nahestehenden Legenden von Helden- und Feldherrentum, seine Kraft und Lebendigkeit. Und obwohl sich Tolstoi mit seinen vielen theoretischen Ausführungen noch oft vom Idealbild des gottgleichen Schöpfers entfernte («Il philosophe!» rief Flaubert bei der Lektüre der ersten französischen Rohübersetzung aus), so ist doch auch *Krieg und Frieden* mit ungeheurer Akribie komponiert und steht an Komplexität und sprachlicher Feinheit den Werken Flauberts, die es in Psychologie und philosophischer Substanz übertrifft, in nichts nach. Bald darauf brachte Tolstoi in *Anna Karenina* die Kunst, sich nicht einzumischen, zu so nachdrücklicher Perfektion, daß bis heute darüber gerätselt wird, welche Stellung er nun eigentlich zur Frage des Ehebruchs eingenommen habe; natürlich erfolglos, denn so leicht es sein mag, Tolstois persönliche Meinung dazu in Erfahrung zu bringen, so unmöglich ist es, die des Erzählers von *Anna Karenina* aus dem Buch zu extrahieren; er hat keine, versteht jede Figur in ihrer Eigenheit und gibt jeder Ansicht mit demselben an Geringschätzigkeit grenzenden Großmut Raum.

Und das ist wohl das Entscheidende. Was entsteht denn, wenn man einander zuwiderlaufende An- und Absichten, Wünsche, Bestrebungen, Weltvorstellungen mit gleicher Sympathie und gleicher Distanz schildert, so daß jede von ihnen ganz von selbst, allein durch das Gegenüberstellen, bis in ihr Innerstes relativiert wird? Ironie. Der moderne Roman ist das Medium des Privaten, aber er ist noch mehr das Medium der Ironie, und es gibt wohl kein wichtiges Romanwerk, das von dieser ironischen Grundhaltung völlig frei wäre. Selbst dort, wo sie nicht in der Absicht des Autors läge, würde die Gattung kraft der ihr eigenen Gesetze zwar nicht Heiterkeit, nicht Lustigkeit und schon gar nicht Humor erzeugen (die Werke Melvilles oder Faulkners zum Beispiel sind klinisch frei davon), sondern Ironie. Diese jede Doktrin relativierende Eigenschaft macht den Roman so widerstandsfähig, so biegsam, so tauglich für Experimente. Und sie ist es wohl auch, die ihm den Haß der Antimodernisten, der Feinde der offenen Gesellschaft zuzieht; sie wissen sehr gut, daß vom Standpunkt des Romans kein Dogma absoluten Bestand haben kann, und zwar nicht einmal dann, wenn sein Autor es will: Dostojewskij plante *Die Brüder Karamasow* als eine Verteidigung christlichen Glaubens, doch unter der Hand geriet ihm die Parabel vom Großinquisitor zu einem der massivsten Angriffe auf die Theodizee und den Mythos der idealen Welt. Ein in seiner Tendenz fanatischer, jedoch künstlerisch geglückter Roman wäre ein Unding, etwas kaum Vorstellbares, ja eine Unmöglichkeit. So ist es kein Zufall, daß eine Fatwah des islamischen Extremismus ausgerechnet der Ermordung eines Romanautors galt.

Don Quixote, sagte Milan Kundera, komme nach einer dreihundert Jahre währenden Reise verkleidet als Landvermesser in sein Dorf zurück. Stimmt das? Ist der Ritter zurückgekehrt und die Reise beendet, hat der Roman seinen Kreis geschlossen? Könnte ihn, gerade angesichts seines nächsten Verwandten, des Films (denn dieser ist eine epische, keine dramatische Gattung und dem Roman näher als dem Theaterstück), das Schicksal des Versepos erwarten? Wird, wie Borges meinte, die Kurzgeschichte seinen Platz einnehmen oder, wie V. S. Naipaul glaubt, eine noch zu

140

entwickelnde Form literarischer Reportage? Könnte es geschehen, daß einmal nicht nur keine Romane mehr geschrieben werden, sondern die Leser dann diesem Genre ebenso verständnislos gegenüberstehen wie wir dem *Messias* oder *Paradise Lost*? Nicht alles spricht dagegen. Der Roman ist nicht die einzige und wohl nicht einmal die wichtigste literarische Form. Und daß einige der besten Romane in unseren Tagen geschrieben wurden – immerhin sind Updike und Salinger unsere Zeitgenossen, auch García Márquez –, beweist noch nichts gegen die Theorie vom allmählichen Ableben des Romans, die ja nicht behauptet, daß es keine gelungenen Romane mehr geben werde. Sie besagt, daß diese Gattung ihr Äußerstes an Entwicklung erreicht und alle Möglichkeiten ausgeschöpft habe, uns etwas Neues über uns selbst und die Welt zu erzählen, und sich von nun an, und sei es auf höchstem Niveau, wiederholen müsse. Es könnte durchaus sein, daß die Zukunft ihre größeren Kunstwerke dem Film verdanken wird, dessen Regisseure wir, trotz Kurosawa, Bondartschuk, Jarmusch, Fellini und Kubrick, oft noch genauso als Halbbrüder des wahren Künstlers ansehen wie Schillers Zeitgenossen den Romancier.

Daß die deutsche Literaturkritik vorübergehend aufgehört hat, das Erzählen totzusagen, beweist jedenfalls nichts. Dieselben, die vor ein paar Jahren mit Adornozitaten nach jedem erzählerischen Absatz schleuderten, überschlagen sich heute vor Begeisterung, wenn sie die einfachsten realistischen Schilderungen aus dem Alltagsleben lesen, und wollen ebensowenig von ihren Artikeln von gestern wissen, wie sie morgen von ihren Artikeln von heute wissen werden. Die deutsche Kritik ist dorthin zurückgekehrt, wo sie vor Lessing war: in die vollständige Beliebigkeit eines Geredes, das allenfalls Einfluß, aber keine Bedeutung hat, wenn es in zufälligen Konjunkturströmungen abwechselnd eine Avantgarde verteidigt, die es nicht versteht, und eine Tradition, die es nicht kennt. Jawohl, es könnte sein, daß wir mit dem Roman auf einen Verlierer setzen. Es könnte aber auch sein, daß dieser Verlierer uns alle noch einmal überrascht: Als die Möglichkeiten des realistischen Gesellschaftspanoramas ausgeschöpft schienen, eröffneten Kafka und in seiner Nachfolge die phantastischen Realisten Lateinamerikas dem Erzählen den ungeheuren Bereich des Traumes. Vielleicht war das die größte literarische Revolution seit Flaubert, und vielleicht dauert sie, aber das wird erst die Zukunft beurteilen, immer noch an. Einstweilen bleibt denen, die an den Roman glauben, viel zu tun. Denn das darf man, bei allen geschichtlichen Entwürfen, ja nicht vergessen: Das Geschäft des Romanschreibens, mit höchstem Anspruch betrieben, gehört zu den härtesten aller Arbeiten. Eine Anekdote, die es verdienen würde, wahr zu sein, berichtet, daß Gustave Flaubert einmal ein Klassentreffen besuchte. Alle ehemaligen Mitschüler waren da, bis auf einen, der sich wegen Grippe entschuldigt hatte. Man beschloß, ihm eine von allen unterschriebene Karte zu schicken, und da immerhin ein berühmter Schriftsteller anwesend war, betraute man diesen mit der Formulierung des Grußes. Widerstand war zwecklos, Flaubert zog sich in ein leeres Zimmer zurück und blieb dort eine halbe Stunde, eine Stunde, eineinhalb Stunden; man hörte ihn auf und ab gehen, mit Stühlen rücken, das Fenster öffnen und wieder schließen, leise mit sich selbst reden. Endlich kam er müde und ein wenig blaß heraus und lieferte die Karte ab. Was dort stand, erinnert uns daran, daß das gleiche Wort, unter unterschiedlichen Umständen und von verschiedenen Menschen geäußert, eben nicht das gleiche ist und daß kaum ein Beruf mehr Einsatz fordert als der des Schriftstellers, dem jede Formulierung so wichtig ist wie einem anderen eine Welt. Auf der Karte, die Flaubert seinen überraschten Kollegen zum Unterschreiben gab, stand: «Gute Besserung!»

Eigene Bücher lesen

Manchmal kann man es nicht vermeiden. Nicht, daß man es zum Vergnügen täte, aber der Berufsalltag bringt es mit sich: Übersetzer haben Fragen, Herausgeber von Anthologien brauchen einen Ausschnitt, den man besser selbst herauslöst, man muß eine Veranstaltung vorbereiten, und so nimmt man, in der Sicherheit des verschlossenen Arbeitszimmers, eines der eigenen Bücher aus dem Regal, schlägt es auf und beginnt – obwohl einen ja keiner sieht – mit möglichst sachlicher Miene zu lesen. Würde einen jetzt jemand fotografieren, man wäre erpreßbar. Schnell steht man auf, kontrolliert noch einmal die Tür, die Vorhänge vor den Fenstern, setzt sich, liest weiter.

Ich weiß nicht mehr, welcher Autor es war, der auf die Illustriertenfrage, welche Bücher er im Fall eines Schiffbruchs auf einsame Inseln mitnähme, ruhig und klar sagte: «Meine.» Eine eitle Antwort? Nicht wirklich. Denn wäre man nicht mit jeder anderen Lektüre sehr bald fertig, würde sie nach kurzem in- und auswendig kennen und schließlich notgedrungen weglegen, um sich mit sich selbst, dem eigenen abgetragenen Ich, zu beschäftigen? Dieses Ich mag nicht glanzvoll sein, aber es ist das einzige, das man hat. Warum also nicht gleich eigene Bücher mitnehmen, denn früher oder später endet man ja ohnehin allein mit sich! Keine eitle Antwort also, sondern eine kluge, eine überzeugende. Wenn auch grundfalsch.

Auf einer einsamen Insel sein und nichts zu lesen haben als eigene Werke, so stelle ich mir die Hölle vor. Lieber noch hätte ich Anthologien mit Tiergeschichten, verblichene *Reader's Digest*-Bände, den Ikea-Katalog oder eine Gesamtausgabe von Botho Strauß bei mir. Ich hätte lieber gar keine Bücher. Und außerdem, aber das nur am Rande, möchte ich nicht auf eine einsame Insel. Schade eigentlich, daß es gerade zu dieser Frage noch keine Untersuchung gibt: Lesen Menschen, die Bücher publiziert haben, freiwillig darin? Und wenn nicht, warum?

Ich wußte immer, daß es mir gefallen würde, ein Buch geschrieben zu haben. Daß es schön sein mußte, etwas zu besitzen, das, gedruckt und gebunden, in Buchhandlungen gekauft, heimgetragen und in das Regal gestellt werden konnte, ein Ding also unter anderen Dingen, einerseits noch meines und andererseits nicht mehr. Maler taten mir leid: Kunstfremde Geldsäcke zogen mit ihren Bildern für immer davon. Ein Autor aber, so stellte ich es mir vor, konnte sein Buch wieder zur Hand nehmen, wann immer ihm danach war. Konnte nach all der Arbeit zufrieden darin lesen.

Nur kenne ich keinen Autor, der das tut. Man setzt sich nicht in einen Lehnstuhl, legt Musik auf, stellt ein Glas Rotwein neben sich und liest in einem eigenen Roman. Und zwar nicht nur deshalb nicht, weil man

146

ihn natürlich fast auswendig kennt; die Barriere ist viel massiver.

Selbst wenn man schon einige Bücher veröffentlicht hat, ist es ein seltsamer Moment der Transformation, wenn ein neues aus der Druckerei kommt: Man dreht und wendet es skeptisch, schlägt es auf und zu, wundert sich, daß es entweder dicker oder dünner ist als erwartet, kann der Behauptung, die der plötzlich so fremd aussehende eigene Name auf dem Umschlag impliziert, noch nicht recht glauben. Aber liest man darin? Nein, das tut man nicht.

Später, wie gesagt, gibt es Veranstaltungen zu bestehen; aus irgendeinem Grund hören viele Menschen einen Text lieber, als ihn selbst zu lesen, und sie hören ihn lieber dargeboten von einem stotternden und hustenden Vorlese-Dilettanten, der sein Verfasser ist, als von einem Profi. Man muß also Stellen auswählen, Kürzungen machen, den Herausgebern von Anthologien und den Übersetzern beispringen, es muß sein. Vorhänge und Türen sind geschlossen, Fotoapparate nicht zu befürchten. Warum ist es immer noch so unangenehm?

Natürlich gibt es da schlechte Stellen, Seiten, die man gerne anders geschrieben hätte, Fehler, bei denen man schon sehr bald nicht versteht, wie sie passieren konnten. Man schüttelt den Kopf. Man schämt sich. Aber es gibt auch gelungene Passagen. Seiten, die einem so gut gefallen, daß man nicht begreift, wie man sie überhaupt hingekriegt hat. «Um Gottes willen», denkt man, «ich schaffe das nie wieder!» Man legt das Buch weg, fordert sich auf, nicht hysterisch zu sein, liest noch einmal. Und denkt bedrückt: «Richtig, das schaffe ich nie mehr.» Dann sind da Stellen, auf die keines von beidem zutrifft: Was für den normalen Leser notwendig und festgefügt aussieht, kommt einem selbst nur noch wie eine notdürftig aufgeräumte Baustelle vor.

Aber auch das ist nicht die ganze Wahrheit. Auch der Blick in den Spiegel ist schließlich nur im ersten Moment befremdend, weil man vielleicht gerne anders aussähe – im zweiten ist er es, weil man sich nicht mehr erkennt. Das künstlerische Temperament ist mit etwas Beendetem, mit etwas, das es abgeschlossen und in die Welt geschickt hat, so ganz und gar fertig, daß es sich dagegen sträubt, noch einmal den Blick darauf zu richten. Es ist kompromißlos nach vorne orientiert, es gehört zu seiner Natur, sich in der eigenen Vergangenheit nicht wiederzufinden. Darum eben wäre es, selbst nach einem jahrzehntelang produktiven Künstlerleben, das Allerschrecklichste, zu wissen, daß man sein bestes Werk bereits geschaffen hat.

Trotzdem hat es etwas Heilsames, daß die Umstände einen immer wieder zu dieser unwürdigen Lektüre zwingen, daß sie es einem nicht ersparen, die abgelegten Bücher aufzuschlagen, über das Mißlungene zu schaudern und sich beim Gelungenen Sorgen um die Zukunft zu machen. Beides ist hilfreich auf dem Weg zu diesem Neuen, das einem jetzt, während der Arbeit, als das Wichtigste der Welt erscheint und das fertig in der Hand zu halten ein kaum vorstellbares Glück wäre. Bis dahin wird man ihm Tausende Stunden Arbeit widmen, man wird an jedem seiner Sätze feilen, als hinge das Leben davon ab, man wird Krisen und Hochgefühle mit ihm erleben, bis man kaum mehr daran glaubt, daß es einmal vorbei sein könnte. Wenn es dann aber doch soweit ist, wird man es ins Regal stellen und hoffen, daß man es nie mehr aufschlagen muß.

WO IST CARLOS MONTÚFAR? Erstveröffentlichung.

GOTT BEGRÜSST SEINE OPFER. Rede zur Verleihung des Candide-Preises 2005 der Stadt Minden. Erschienen in: Süddeutsche Zeitung, 28. Mai 2005.

DIE CHRONIK DER HEUCHELEI. Rezension (Stendhal: Rot und Schwarz. Herausgegeben und übersetzt von Elisabeth Edl. München: Hanser 2004). Erschienen in: Volltext, April 2004.

SETZ DEINEN FUSS AUF MEINEN NACKEN! Erschienen in: Literaturen, Januar 2004.

BODEN OHNE BLUT. Rezension (Knut Hamsun: Auf überwachsenen Pfaden. Übersetzt von Alken Bruns. München: List 2002). Erschienen in: Falter, 26. Juni 2002.

ERFUNDENE SCHLÖSSER AUS ECHTEM STEIN. Erschienen in: Falter, 12. Dezember 2001.

WOLLUST, SORGLOSIGKEIT UND MUT. Rezension (Louis-Ferdinand Céline: Reise ans Ende der Nacht. Übersetzt von Hinrich Schmidt-Henkel. Reinbek: Rowohlt 2003). Erschienen in: Volltext, Juni 2003.

DER GAST AUS DER ZUKUNFT. Rezension (Michael Ignatieff: Isaiah Berlin. Ein Leben. Übersetzt von Michael Müller. München: Bertelsmann 2000). Erschienen in: Der Standard, 3. Juni 2000.

HOLDEN, DIE ENTEN, DIE KINDER. Rezension (J.D. Salinger: Der Fänger im Roggen. Übersetzt von Eike Schönfeld. Köln: Kiepenheuer und Witsch 2003). Erschienen in: Frankfurter Rundschau, 13. September 2003.

DER ZWANG ZUM HAPPY-END. Rezension (Kurt Vonnegut: Suche Traum, biete mich. Übersetzt von Harry Rowohlt. München: Hanser 2001). Erschienen in: Tagesspiegel, 12. Mai 2002.

WOHIN ALLES ENTSCHWUNDEN IST. Rezension (John Updike: Rabbit, eine Rückkehr. Übersetzt von Maria Carlsson. Reinbek: Rowohlt 2002). Erschienen in: Literaturen, November 2002.

VERSCHWITZTE INTELLEKTUELLE. Rezension (Tom Wolfe: Hooking Up. Neuigkeiten aus dem Weltdorf. Übersetzt von Benjamin Schwarz. München: Blessing 2001). Erschienen in: Frankfurter Rundschau, 15. November 2001.

WOVON WIR REDEN, WENN WIR VON AUTORSCHAFT REDEN. Rezension (Raymond Carver: Wovon wir reden, wenn wir von Liebe reden. Übersetzt von Helmut Frielinghaus. Berlin: Berlin 2000). Erschienen in: Frankfurter Rundschau, 18. November 2000.

SCHÄTZENSWERT, ABER KEIN GOETHE. Rezension (Harold Bloom: Genius. Die hundert bedeutendsten Autoren der Weltliteratur. Übersetzt von Yvonne Badal. München: Knaus 2004). Erschienen in: Süddeutsche Zeitung, 30. November 2004.

VORWÄRTS, DAS IST IRGENDWO. Rezension (Milan Kundera: Jacques und sein Herr. Hommage an Denis Diderot in drei Akten. Übersetzt von Uli Aumüller. München: Hanser 2003). Erschienen in: Der Standard, 17. Januar 2004.

DIE TRÄNENLIEFERANTEN KOMMEN NÄHER. Erschienen in: Gisela Dachs (Hg.): Jüdischer Almanach, Humor. Frankfurt am Main: Jüdischer Verlag 2004.

DER MAI BEGANN FÜRCHTERLICH. Erschienen in: Frankfurter Allgemeine Sonntagszeitung, 30. Januar 2005.

IRONIE UND STRENGE. Vortrag, gehalten beim Seminar «Der Moderne und sein Roman» in Wolfenbüttel. Erschienen in: Volltext, April 2003.

EIGENE BÜCHER LESEN. Beitrag zur Reihe «Unwürdige Lektüren». Erschienen in: Volltext, Oktober 2003.